MAX BUCHON

—

CHANTS POPULAIRES

DE LA

FRANCHE-COMTÉ

Notice biographique par Champfleury

PORTRAIT D'APRÈS COURBET

Eaux-fortes par F. Régamey

PARIS

LIBRAIRIE SANDOZ ET FISCHBACHER

—

33, RUE DE SEINE, 33

1878

MAX BUCHON

———

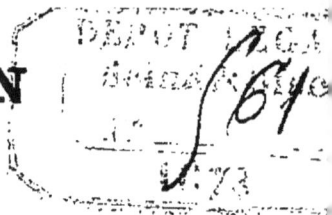

CHANTS POPULAIRES

DE

LA FRANCHE-COMTÉ

PARIS

SANDOZ ET FISCHBACHER, ÉDITEURS

33, RUE DE SEINE, 33

———

1878

CHANTS POPULAIRES

DE

LA FRANCHE-COMTÉ

Régamey

F. Régamey, sculp.   Imp. Vte A. Cadart, Paris.

LA SOURCE DU LISON
aux environs de Salins.

CHANTS POPULAIRES

DE LA

FRANCHE-COMTÉ

〜〜〜〜〜〜〜〜〜〜〜〜〜〜〜〜〜〜〜〜〜〜〜〜〜〜〜〜〜〜

I.

Ce n'est pas sans un réel embarras que j'aborde la réalisation d'un projet, depuis longtemps caressé, d'offrir au public un petit recueil des Chants populaires de notre province. L'exécution satisfaisante d'une pareille entreprise demanderait de longues années de recherches, une érudition consommée, des relations nombreuses, l'entassement de matériaux considérables, toute une bibliothèque spéciale.

Ces conditions préalables de réussite me faisant défaut, il ne me reste à choisir qu'entre une inaction découragée ou un essai au moyen de tâtonnements.

C'est à ce dernier parti que je m'arrête, ne fût-ce que pour me débarrasser des obsessions intimes qui me sollicitent. Sans autre boussole que mon bon vouloir, au milieu des broussailles encore vierges de notre littérature populaire, je pars à l'aventure, espérant que si je n'arrive pas au but de pied ferme, on me saura peut-être gré d'avoir ouvert quelques tranchées et planté quelques jalons.

A défaut d'autre mérite, j'aurai du moins celui d'indiquer ce qu'il faudrait faire.

L'urgence et la nouveauté d'une pareille entreprise ne lui constituent cependant pas, dans notre pays, une priorité absolue. Bien d'autres avant moi ont fait ce qu'ils ont pu, dans des directions diverses, et mon premier soin sera de rendre hommage à leurs efforts en en faisant mon profit.

Si j'ai, chez nous-mêmes, des devanciers, combien plus multipliés encore sont ceux du dehors! Quelle est maintenant la province de France qui, de plus ou moins fraîche date, ne possède la collection de ses richesses indigènes? Ce beau zèle, aussi bien, n'est déjà plus seulement provincial ou national. Tous les peuples européens avaient accompli depuis longtemps leur besogne en ce sens, et presque toujours par l'intervention de leurs plus grands écrivains, quand nous nous sommes enfin avisés qu'il pouvait bien y avoir quelque chose à faire.

Malgré nos prétentions au titre d'initiateurs de l'humanité, nous avons assez l'usage, en France, d'être en arrière de vingt ou trente ans sur les évolutions intellectuelles des autres peuples. Le romantisme portait déjà barbe grise en Angleterre et en Allemagne, que ses adversaires songeaient encore, chez nous, à lui donner le fouet comme à un polisson mal appris.

Aujourd'hui, même procédé à l'égard du réalisme. Dire de quelqu'un : — C'est un réaliste ! est, dans l'esprit de certaines gens, la plus redoutable injure que l'on puisse adresser à un artiste ou à un écrivain.

Si notre public n'était un des plus illettrés de l'Europe, on nous ferait grâce de pareilles balourdises. Allez donc voir ce qui se passe en Russie, en Angleterre, en Hollande, en Allemagne, partout ; et vous comprendrez combien ils ont de glorieux complices au dehors, ceux de nos artistes qui s'appliquent si intrépidement à l'interprétation de la vie moderne.

Je ne défends pas ici des œuvres, mais un principe, lequel, fort de son universalité, a droit à une discussion plus loyale. Voilà plus de cinquante ans que Gœthe a résumé la vraie doctrine moderne en deux vers que je traduis ainsi :

> Taillez résolûment en pleine vie humaine,
> C'est notre vie à tous.... et l'on s'en doute à peine.

Même lambinerie à l'égard de la poésie populaire, et l'on devait s'y attendre. Comment pourraient se décider à venir boire humblement à cette fontaine de Jouvence les professeurs de beau langage, les chevaliers du style, les apôtres patentés du bon goût et autres creuses sonorités ?

Aborder notre littérature populaire, c'est remonter à nos origines authentiques, c'est retrouver le courant de nos affinités naturelles, c'est rentrer en possession de notre liberté et de notre spontanéité, seules génératrices de productions durables.

Les grands écrivains et les grands artistes ne sont-ils pas toujours les corps-francs intellectuels de leur siècle ? Eux exceptés, que reste-t-il ? Des professeurs qui enfantent des professeurs, lesquels ne produisent jamais non plus que des professeurs.

L'art ne s'enseigne pas. N'étant que l'exhibition imagée des sentiments personnels inspirés à un homme par le frottement de la vie qui l'entoure, comment l'art pourrait-il s'enseigner? *Art* est synonyme de *façon*, *manière*, manière personnelle et spontanée.

Un enseignement quelconque tournant forcément dans un cercle d'idées aussi rebattu que le sol d'un manége, comment, en art, cela aboutirait-il à autre chose qu'à des pastiches ?

La protestation la plus inexorable contre les professeurs et les pastiches, c'est l'art populaire. Celui-là, du moins, a pour lui de ne parler que quand il a quelque chose à dire et de dire carrément ce qu'il pense.

Fatalement, le présent résume toujours le passé et le présuppose. La tradition, quoi qu'on en dise, n'a donc pas d'adeptes plus respectueux et plus logiques que ceux qui, au lieu de la prendre à contrepoil, s'appliquent à l'allonger autant qu'ils peuvent. Singulière prétention que celle qui, au nom du respect que nous devons à nos pères, nous contesterait le droit de faire des enfants.

Supposez au feu toutes les bibliothèques et tous les musées ; supposez même tout leur contenu effacé de la mémoire du genre humain. Vous figurez-vous que, pour autant, l'humanité serait désormais privée d'art et de littérature ? Il n'y a pas de risque ; seulement, les artistes seraient bien obligés alors d'en revenir aux procédés de l'art populaire, c'est-à-dire à l'inspiration primesautière qui fait déjà la grandeur de tous les grands écrivains. Tous les mots, tous les passages, tous les types célèbres de Shakespeare, de Cervantes, de Molière, de Corneille, de La Fontaine, ces brusqueries sublimes qu'on appelle le cri de la bête, c'est-à-dire le cri de la nature humaine saisie à l'improviste, et qui nous font tout à coup sourire ou pleurer avec tant de ravissement, où ces grands maîtres les ont-ils trouvés ? Est-ce dans la manie de remâcher sans cesse le passé ? Non pas. C'est dans l'insubordination de leur génie qui les ramène d'instinct aux façons sans parti pris de l'art populaire.

Dans les arts, on parle beaucoup du Beau, de la théorie du Beau. Le Beau de qui ? Le Beau de quoi ? C'est ce qu'on ne dit pas. Chaque homme, chaque peuple a sa manière propre de comprendre le Beau.

L'art chinois a aussi bien sa raison d'être que l'art parisien. Question de climat. Une théorie qui n'est pas absolue n'est plus une théorie. Donc la théorie du Beau n'est qu'une amusette à l'usage des gens oisifs... Les artistes producteurs ne perdent pas ainsi leur temps. La seule théorie sérieuse, parce qu'elle est absolue, c'est celle de l'école de peloton dans les mains d● sergent instructeur.

L'art n'est pas la science. Celle-ci est essentiellement impersonnelle et universelle. L'art, au contraire, est toujours personnel et local.

On ne dit jamais : La géométrie russe ou anglaise, mais on dit fort bien : L'art antique, l'art moderne, l'art italien, l'art français.

Après coup, l'on peut faire sur les œuvres de chaque grand artiste sa poétique personnelle. On obtient ainsi la poétique de Rembrandt, de Beethoven, de Victor Hugo, ce qui peut servir de cicérone quand on voyage dans leurs œuvres.

Ainsi entendu, l'art est toujours fini et complet, tandis que la science n'a jamais dit son dernier mot.

A chaque instant, l'humanité renouvelle son bagage scientifique et industriel, et on y applaudit. On traiterait de fou celui qui oserait évoquer, contre la locomotive, l'autorité antique et solennelle de la patache. L'inauguration de celle-ci a pu être, néanmoins, dans son temps, une importante révolution. Question de date.

Pour la pratique de l'art, c'est l'inverse qui fait loi, et nous avons des gens dont le métier consiste à faire entrer, bon gré mal gré, dans la caboche de la jeunesse, le fanatisme du passé, avec la contemption du présent, auquel on conteste le droit même de vivre, en sorte que, si vous voulez devenir artiste, le meilleur emploi que vous puissiez faire de pareilles leçons, c'est de les oublier.

Pourquoi l'art ne se renouvellerait-il pas aussi bien que la science? Ses progrès à lui, il est vrai, ne consistent pas à écrire ou peindre mieux qu'on ne peignait ou écrivait il y a deux siècles, mais à écrire et peindre autre chose, à écrire et peindre les passions de notre temps, de notre pays, de notre propre cœur. Avec le fond, la forme se modifie d'elle-même, n'en déplaise à André Chénier, qui, sur des sujets nouveaux, conseillait de faire des vers antiques, sans remarquer qu'il eût eu aussi bonne grâce à dire : *Habillez vos gamins en arrière-grands-pères.*

La mission de l'art n'est pas de poursuivre chimériquement le Beau, mais de graver sur les pages de l'histoire les mœurs et le tempérament bien déterminés d'une époque, d'une nation, d'une province, triple exigence concentrique à laquelle satisfait d'instinct l'artiste en déposant naïvement son empreinte personnelle sur son œuvre.

N'ayons donc pas si peur d'être de notre temps, voire même de notre province. Si, comme artiste et comme écrivain, le peintre Courbet et le philosophe Proudhon figurent si haut parmi les illustrations contemporaines , cela ne tient-il pas beaucoup à la puissante carrure franc-comtoise de l'un et de l'autre ?

La légitimité de l'art populaire ainsi établie, quel sera l'emploi de celui-ci dans la pratique ? Est-ce comme modèles à copier que se recommandent ses produits ? Non ; mais comme pierre de touche infaillible, comme point de départ d'une nouvelle campagne littéraire.

Le moyen de se fourvoyer dans les directions équivoques, tant qu'on gardera mémoire de cette âpre mais saine origine !

Le côté archéologique de la question peut donc être abandonné sans dommage à ceux qui professent un amour platonique pour les antiquailles. Ici, comme partout, c'est le côté vivant des choses qui nous intéresse, et c'est parce que l'art populaire est, à sa manière, tout palpitant de vie, qu'on peut le recommander hardiment à ses amis et à ses ennemis.

II

Un décret du 13 septembre 1852, rendu sur le rapport du ministre Fortoul, prescrivait la formation d'un recueil des Poésies populaires de la France. Un comité fut institué. M. Ampère en rédigea les instructions, aussitôt lancées dans les engrenages administratifs. Le but était de former, sous les auspices de l'autorité, une collection générale de tous les produits de la verve populaire restés jusque-là dans l'oubli, dit le programme, par suite d'un dédain irréfléchi, né des habitudes un peu mondaines de notre littérature.

Le programme de M. Ampère consistait en une brochure expliquant fort clairement, et au moyen de nombreux exemples, les intentions et désirs du comité. Les recherches devaient porter sur les Poésies religieuses, Prières, Légendes, Vies des saints, Miracles, Cantiques, Chants des diverses fêtes de l'année ; — sur les Poésies populaires d'origine païenne, Souvenirs druidiques, germaniques ; — sur les Poésies didactiques, morales, historiques, romanesques ; — sur les Chants de mariage, baptême, première communion, prise de voile, enterrement ; — sur les Chants des soldats, des marins, forgerons, tisserands, cordonniers, sabotiers, fileurs, menuisiers ; — sur les Chansons de compagnonnage, de semailles, de moisson, de vendange, de cueillette des olives ; — sur les Chansons de chasseurs, pêcheurs et bergers ; — sur les Chansons de circonstances : inventions, modes, ou évènements ; — sur les Chansons satiriques, badines et bachiques.

Ce programme, par lui-même rempli d'intérêt, indique assez combien le comité avait conscience des difficultés de l'entreprise. Le corps enseignant, ainsi mis en demeure dans tout l'empire, envoya quelques communications, du moins, je le suppose, puis le ministère Fortoul disparut. Le comité remit les suites de l'entreprise aux mains de M. Rathery, de la Bibliothèque impériale, et la chose en resta là.

De prime abord, il semble que le succès est assuré d'avance à une pareille tentative dès qu'un ministre en fait ainsi son affaire. Il en va cependant un peu autrement. L'art d'Etat présente autant de difficultés que la religion d'Etat, car il perd ainsi ses caractères si essentiels de personnalisme, de provincialisme et de liberté complète.

Au nombre des documents fournis au comité par ses correspondants officiels ou officieux, il peut d'ailleurs s'en trouver d'un intérêt tellement aventureux que l'Etat hésitera à les couvrir de son suprême patronage. Alors on tombe forcément dans les épurations, dont il devient difficile de préciser les limites raisonnables.

Un collectionneur échappe à ces inconvénients. Opérant à ses risques et périls et sur son propre fonds, c'est-à-dire dans l'intérieur de sa province, dont il connaît l'origine, les instincts, les ressources et le tempérament, il y apportera vraisemblablement un discernement plus pénétrant et plus sympathique que ne le ferait un étranger. Je n'en citerai, en exemple, que M. de La Villemarqué, pour la Bretagne. Parler de notre province natale, n'est-ce pas en quelque sorte parler de nous-mêmes ?

Qui trop embrasse mal étreint, dit le proverbe. Il faut bien que ce soit pour avoir trop embrassé que l'État depuis dix ans, n'a encore pu réaliser son recueil en projet (1).

Son appel a cependant fait éclore quelques brochures locales, parmi lesquelles je citerai l'étude sur les *Chants populaires de la Bretagne et du Poitou*, par Armand Guéraud (Nantes, 1859). — Celle sur les *Prières populaires et les noces de campagne du Berri*, par Ribault de Laugardière (Bourges, 1856.) — Celle sur la *Poésie populaire en Normandie*, par Eugène de Beaurepaire (Avranches 1856). — Celle sur les *Chants populaires de la Flandre*, par de Coussemaker (1856). — Sur les *Chants de l'Angoumois*, par Castaigne (Angoulême 1856). — Sur les *Poésies populaires de la Lorraine* (Nancy, 1855) et sur les *Noëls nouvieaux de Bourges* (1855).

En ce qui concerne la Franche-Comté, les résultats jusqu'à ce jour n'ont été qu'assez médiocres. Après avoir découvert l'existence, à un moment donné, d'un recueil de Chants populaires franc-comtois dans les papiers de Dom Grappin et cédé, à l'appel du gouvernement, par ses héritiers de Briaucourt (Haute-Saône), il m'a été impossible d'en retrouver

---

(1) Le projet de publication des Chants populaires par l'Etat est aujourd'hui abandonné; les nombreux matériaux, recueillis au Ministère de l'Instruction publique, ont pris place actuellement à la Bibliothèque nationale. (C.-Y.)

la piste. Ce recueil est probablement enfoui dans les liasses remises à M. Rathery. Quand en sortira-t-il ?

De date antérieure, nous possédions déjà les *Usages et chants populaires de l'ancien Bazadois*, par Lamarque de Plaisance (Bordeaux, 1846). — Les *Etudes alsaciennes* (en allemand) de Stœber. —Les *Chansons du Béarn*, par Rivarez (Pau, 1844). — Les *Noëls bourguignons* de La Monnoye, réédités (Paris 1842). — Les *Noëls bressans*, réédités par Philibert Le Duc (Bourg, 1845), etc.

Ce que le gouvernement n'a pu encore faire, du moins dans les vastes proportions d'abord rêvées, un homme d'intelligente initiative, M. Champfleury, est venu à bout, en 1860, de le réaliser à lui seul.

Comprend-on quelle dose il faut de ténacité et de vaillance, pour se dire un beau matin, sans être revêtu d'aucun mandat ni caractère officiel : — Je vais faire à moi seul un livre sérieux sur les Chansons populaires de toutes nos provinces de France ?

Que savons-nous, en Franche-Comté, par exemple, des mœurs intimes du Poitou, de la Gascogne, de la Picardie, de l'Auvergne, de la Provence ? Bien peu de chose, avouons-le sans façon, en ajoutant même qu'il nous reste infiniment à apprendre sur notre propre pays.

S'il eût réalisé tout son programme, le comité eût sans doute publié de gros et nombreux volumes, chers, d'une lecture assez difficile, et les travaux complémentaires dans chaque province n'en fussent pas moins restés à faire. A lui seul, le livre de M. Champfleury suffit pour nous faire comprendre le parti que nous pouvons tirer de nos richesses locales ; aussi, M. Sainte-Beuve a-t-il tenu à lui rendre dignement justice (1).

On saisit mieux l'intérêt de ce magnifique spectacle en le contemplant d'assez haut pour l'embrasser d'abord dans son ensemble. Alors commencent les étonnements, les admirations et les retours sur soi-même. Il a dû en être ainsi au début de la science géologique. Un homme ramasse un caillou, le retourne, puis le rejette en haussant les épaules sur la nullité de sa valeur. Plus loin, il en retrouve un autre, l'observe de nouveau, en constatant ses analogies ou ses différences avec le premier. Il en arrive ainsi à soupçonner des gisements plus ou moins réguliers, embrassant des contrées entières ; puis vient la théorie des alluvions, des soulèvements etc., et la géologie se dégage de toutes pièces.

On éprouve un étonnement quelque peu semblable à la lecture du livre de M. Champfleury. Ce qui domine, dans ce livre, c'est l'idée d'ensemble ; c'est l'intelligence d'une grande synthèse nationale qui s'y manifeste.

Ce livre, du reste, n'est que la première partie de

_____

(1) *Constitutionnel*, 2 janvier 1863.

la série d'études analogues que le même écrivain prépare sur l'Imagerie, sur la faïence populaire.

Que de démarches pour obtenir telle assiette à coq, tel plat à barbe, telle soupière boiteuse! Et le grand saladier au pommier d'amour! Vous ne le connaissez peut-être pas, ce merveilleux pommier, sur lequel, au lieu de pousser des pommes, il pousse des maris?... Aussi, faut-il voir quelle nuée de vieilles filles en maraude lui donnent l'assaut à grands coups de gaule. Cependant, les maris résistent comme de vraies pommes à verjus; ce que voyant, deux respectables routières, mieux avisées que les autres, se mettent à scier le tronc du pommier. L'arbre une fois abattu, ce serait bien le diable si l'on ne picorait à l'aise dans ses branches.

Et les assiettes révolutionnaires de Nevers ! Et les assiettes royalistes de Nantes ou d'ailleurs...!

Pris isolément, ces brimborions divers peuvent sembler insignifiants ; mais que tout soit accumulé pendant quinze ou vingt ans par une main intelligente, et, à votre grande surprise, vous y découvrirez un monde ; vous y sentirez battre le cœur de l'humanité ; vous allez y trouver même au besoin l'histoire de France écrite d'une façon toute imprévue.

Faïences rustiques, images d'Epinal, Bibliothèque bleue et chansons populaires, comprenez-vous maintenant la connexion, la filière, l'homogénéité d'idée?

Qu'on me pardonne ces longs préliminaires. Ils

me semblaient indispensables comme indication du point de vue exclusivement littéraire auquel je prie le lecteur de vouloir bien se placer, pour qu'il ait chance de trouver quelque intérêt aux exhibitions suivantes.

III

Les Noëls occupent une place importante dans l'ensemble de nos Chants populaires. Sous ce rapport, nous n'avons rien à envier à personne. Notre part est même si belle, qu'à cet égard notre province peut hardiment se proclamer comme Louis XIV : *Nec pluribus impar.*

Quelques étymologistes font dériver le mot Noël de : — *Dies natalis*, jour de la naissance de Jésus. D'autres prétendent que nos vieux druides saluaient déjà de ce cri joyeux : Noël ! Noël ! le retour du soleil et des jours grandissant peu à peu, à partir du solstice d'hiver. Pour certains, ce mot a dû être longtemps l'équivalent de : vivat ! Quand le roi Charles VII entra dans Paris, le peuple, dans sa joie cria : Noël ! Noël ! Enfin, l'on donnait autrefois, en Franche-Comté, le nom des *quatre nataux* aux quatre principales fêtes de l'année, ce qui indique une vaste extension au sens vulgairement attribué au mot Noël.

Quoi qu'il en soit, le petit poëme de ce nom paraît être tout à fait spécial à nos diverses provinces de

France, où il s'épanouit surtout, soit en français, soit
en patois, vers la fin du dix-septième siècle et le
commencement du dix-huitième.

D'abord simple cantique de piété, le Noël ne tarda
pas, sous l'influence de la mode, à se prêter aux
combinaisons les plus diverses. Tour à tour naïf ou
narquois, plaintif ou courtisan, frondeur ou pittoresque, le Noël est devenu, malgré le dédain de la critique, une forme poétique toute nationale à ajouter
à notre bilan littéraire.

Un point curieux à signaler, c'est l'impossibilité
de retrouver, au-delà de nos frontières, la moindre
trace du Noël tel que nous le comprenons. Noël est
cependant fêté en Angleterre et en Allemagne aussi
copieusement que chez nous, mais d'une autre façon.
Les Noëls de Luther ne sont que des cantiques d'édification.

A Berne, c'est un homme engaîné dans un gros
âne en carton qui apporte aux enfants les cadeaux
du petit Jésus, lesquels sont pondus chez nous par
la *tronche* de Noël.

Un poète patois de l'Allemagne se rattache
plus directement au point qui nous occupe ; c'est le
prêtre catholique Sébastien Sailer, qui accoutra de
la façon la plus baroque l'histoire de la création, de
la chute de Lucifer et des Rois-Mages. Seulement
Sailer adopta la forme scénique. L'intérêt de ces petits drames naît du travestissement perpétuel du
Père éternel, des Anges, d'Adam et Eve, de Lucifer,

d'Hérode et des Rois-Mages, en gros paysans de la Souabe. Sailer pousse ce procédé à l'extrême ; mais la bonhomie allemande est accommodante.

Dans Sailer, le Père éternel consulte son almanach et choisit le printemps pour bâtir le monde, attendu qu'alors on est plus sûr de n'être pas dérangé de sa besogne en plein air par les intempéries. En été, ce sont de continuels orages ; au moindre mouvement, vous voilà tout en sueur. En automne, les ouvriers sont à vendanger ; on ne peut plus avoir de manœuvres. En hiver, les gens aiment mieux fumer leur pipe derrière le poêle, que d'aller travailler dans la neige ; ils ont assez à faire à souffler dans leurs doigts. Va donc pour le printemps. Tout le morceau continue sur ce ton.

Dans la *Chute de Lucifer*, saint Michel recommande bien aux anges de se confesser et de mettre des scapulaires avant d'aller à la bataille. De son côté, Lucifer promet aux anges rebelles de les faire tous préfets ou sous-préfets, dès qu'il sera le maître. Par malheur, une colique le prend au moment critique. Il court de toutes ses jambes au cabinet. Saint Michel arrive, tourne la clé, et voilà Lucifer prisonnier sans coup férir. Pendant ce temps, le Père éternel, en robe de chambre, en pantoufles et en bonnet de coton, se tourmente, dans son fauteuil, d'avoir admis parmi ses anges, ce chenapan de Lucifer. Hans Wourst, le Gros-Jean de l'Allemagne, le rassure. Saint Michel entre brusquement en annonçant qu'il

est victorieux, mais qu'il meurt de soif. — Moi aussi !
s'écrie Hans Wourst.— Oh ! toi, tu es toujours prêt à
boire ! réplique jovialement le Père éternel, en en-
voyant aussitôt chercher à la cave tout ce qu'il y a de
mieux en fait de vins du Rhin, de vins de Bourgogne,
de vins de la Moselle, de la Valteline et du Margraviat.

Pour les Rois-Mages, ils arrivent chez Hérode au
moment où celui-ci est en querelle avec sa femme,
qui lui reproche d'être un coureur, un mangeur, passant tout son temps à la brasserie. Quelle idée
d'amener ainsi chez soi des vagabonds qui ne sont
pas plus rois-mages que ma pantoufle, surtout ce
nègre avec son étoile de carton sous le bras, et qui
est noir comme un ramoneur ! Le plus souvent qu'elle
va se mettre en frais pour les régaler !

La Souabe est réputée en Allemagne comme la
terre classique de la niaiserie burlesque, ce qui n'empêche pas cette contrée, d'une configuration toute
jurassique, d'être la patrie de Schiller, de Hégel, de
Uhland, etc. Les farces de Sailer eurent l'honneur
d'amuser Gœthe, et d'être protégées par le cardinal
de Rodt, évêque de Constance, à qui elles avaient été
dénoncées par des gens trop scrupuleux.

Sailer, né en 1714, mourut en 1777. Ces drôleries,
en peignant à leur manière la vie populaire des environs de Ulm, se rattachent moins directement au
genre des Noëls qu'aux *Mystères* de notre vieille
littérature, lesquels, quoique joués dans les églises
même, s'en permettaient bien d'autres.

« Nos bons aïeux, dit Sainte-Beuve, n'y éludaient aucuns des côtés scabreux du sujet ; bien loin de là, ils étalaient au long ces endroits et les paraphrasaient avec complaisance. Qu'il s'agisse, par exemple, de conception immaculée et d'incarnation, ils vont tout déduire par le menu, mettre tout en scène, les tenants et aboutissants : Marie et son vœu de virginité, celui de Joseph, leur embarras à tous deux quand on les marie, puis l'étonnement de Joseph et la façon dont il l'exprime, tout cela est exposé, développé bout à bout, avec une naïveté incontestable, avec une naïveté telle qu'il est presque impossible, aujourd'hui, d'en extraire seulement les passages et de les isoler de leur lieu, sans avoir l'air de narguer et de profaner. »

Sous beaucoup de rapports, les Noëls sont les héritiers et les continuateurs des mystères, mais avec des modifications considérables. Au lieu de se jouer dans l'intérieur ou sous le parvis des églises, les Noëls ne sont guère chantés chez nous qu'à la veillée, autour du foyer de famille, avec consommation de grillades et de vin nouveau.

Que faut-il penser de ces goguenarderies de nos bons aïeux à l'égard des choses réputées par eux les plus saintes ? Étaient-ils aussi naïfs qu'on le donne à croire ? Il est difficile d'en douter, mais en admettant qu'il y entrait en même temps une certaine part de malice peu définie.

« Douter, gausser et croire, ajoute Sainte-Beuve, tout cela faisait ménage ensemble. Nos aïeux soupçonnaient plus d'une chose ; ils en riaient ; ils s'en tenaien là. Le propre du vieil esprit, même gaillard et narquois, était de ne pas franchir un certain cercle, de ne point passer le pont. Il joue devant la maison et y rentre à peu près à l'heure ; il tape aux vitres, mais sans les casser. On a remarqué dès longtemps cette gaîté particulière aux pays catholiques. Ce sont des enfants qui, sur le giron de leur mère, lui jouent toutes sortes de niches et prennent leurs aises. Le catholicisme chez lui permet beaucoup de choses, quand on ne l'attaque pas de front.... »

IV

Pour mieux nous rendre compte de l'intérêt que peuvent offrir les Noëls de la Franche-Comté, nous n'avons qu'à jeter un coup d'œil sur ceux de nos voisins de la Bresse et de la Bourgogne.

Les Noëls bourguignons ont pour auteur La Monnoye, de l'Académie française, né à Dijon, en 1640. Cette origine indique à la fois leurs qualités et leurs faiblesses. L'auteur ne s'était guère signalé que par des épigrammes, des madrigaux, quelques poésies académiques et la fameuse chanson de *Monsieur de la Palisse*, quand il se mit à écrire ses *Noëls* dans le patois de sa ville natale.

De l'esprit, de la correction, de la verve aventureuse et goguenarde, voilà les traits distinctifs qui valent à La Monnoye l'avantage de faire poindre discrètement les noms de Voltaire et de Béranger sous la plume des critiques qui parlent de lui. Traduisez cependant en français ces spirituels persiflages du bourguignon *salé*, et leur intérêt provincial sera, il me semble, diminué de beaucoup.

Autant qu'ils l'ont pu, ces chants narquois ont immortalisé la rue du Tillot et la rue de la Roulotte, mais par leur titre seulement, et, sous le vernis patois, nous trouvons, en somme, peu de traits plastiques de la vie bourguignonne, peu de traits surtout de la vraie vie populaire. Sous ce rapport, le Glossaire est infiniment plus riche que les Noëls, ce qui est une faute grave. Que m'importent les belles nuances qu'un peintre possède dans sa boîte à couleurs? C'est sur sa toile qu'il m'intéresserait de les voir combinées.

Que La Monnoye soit un érudit, un linguiste, un versificateur habile en patois, c'est possible, mais la naïveté sympathique, cet ingrédient si indispensable à l'écrivain populaire, n'allez pas la lui demander. Sont-ce des naïvetés bien sympathiques que celles de la chanson de *Monsieur de la Palisse?* La Monnoye était trop bon bourgeois et trop académicien pour en connaître d'autres.

A cet égard, nous avons beaucoup mieux en Franche-Comté.

Si les Noëls bourguignons forment une variété du genre, les Noëls bressans en indiquent une autre plus rapprochée du type de ce petit poëme, tel que nous le comprenons. Les vieux peintres flamands et hollandais, plus soucieux de la vérité humaine que de subtilités esthétiques, prenaient dans leur propre ménage les personnages de leurs tableaux religieux. De là l'intérêt intime et pénétrant que conservent leurs toiles..Il en est de même des Noëls, qui n'ont point à chercher leur originalité dans les événements bien connus de la Crèche, mais dans les accessoires locaux et populaires plus ou moins gracieux ou pittoresques, qu'on y fait intervenir.

Brossard de Montagney et Borjon, les auteurs des Noëls bressans, appartenaient, ainsi que La Monnoye, à des familles de basoche et de magistrature ; comme lui, parfaitement au courant de la littérature de leur temps, ils n'écrivirent leurs Noëls à leurs moments de loisir, que comme un témoignage de la bienveillance dont ils gratifiaient leur province natale.

D'une diction aussi correcte que les Noëls bourguignons, mais d'une bonhomie plus réelle, les Noëls bressans, dit leur nouvel éditeur, M. Philibert Le Duc, ont conservé un grand intérêt pour l'histoire locale. Ils décrivent les mœurs d'une époque dont nous sommes séparés par un siècle et demi. Ils nous conservent les noms de plusieurs familles : ils nous montrent l'organisation municipale de Bourg et les allures des six quartiers de la ville, lorsqu'ils allaient, bannière en tête, rendre hommage à Notre-Seigneur. Les offrandes déposées dans la crèche rappellent toutes les productions du pays. La poularde de Bresse n'est pas oubliée, ni les *mate-faim*, régal de la campagne, ni les délicates rissoles festonnées par le *crignolet*, ni ces andouilles grillées dont Bourg est aussi fière que de ses poulardes, et qui ne manquaient jamais aux joyeux *réveillons* de nos pères.

Loin de remplir tout le cadre des cantiques bressans, le petit Jésus laisse encore une bonne place aux hommes et aux choses du temps.

Si l'on ajoute à ces joyeusetés la saveur spéciale dont les enrichit le patois, on comprend l'empressement du public à qui elles s'adressaient à les accueillir, et le respect avec lequel il les casa au nombre des monuments du pays natal. Les Noëls de la Bresse et de la Bourgogne ont obtenu tous les succès que comporte ce genre de littérature. Les derniers sont au nombre de trente; les autres n'atteignent pas tout à fait ce chiffre. Les uns et les autres valent leur réputation et forment un curieux objet d'étude ; mais, tout bien examiné, je le répète hardiment : nous avons mieux en Franche-Comté, et nous n'en sommes cependant pas plus fiers.

V

Si ces choses-ci s'appréciaient au poids, notre supériorité numérique trancherait d'emblée la question en notre faveur, car, tandis que nos voisins, en réunissant leurs richesses, comptent à peine une cinquantaine de morceaux, nous n'aurions pas à chercher longtemps pour produire les nôtres par centaines.

Sans faire spécialement profession d'esprit comme ceux de la Bourgogne, ni de *bourdifaille*, comme ceux de la Bresse, nos Noëls fournissent leur contingent suffisant en ces deux genres, et, dans leurs variétés infinies, ils ont, sur leurs rivaux, l'avantage de former un vaste panorama de la vie humaine, avec toutes ses joies et toutes ses perplexités.

Tels sont du moins les Noëls bisontins dans lesquels le vigneron s'occupe plus de ses vignes et de ses récoltes que des habitants du ciel. Le brave homme met, d'assez bonne grâce, son vin, sa farine, ses vieux échalas et ses vieux habits de réforme au service de la Sainte-Famille, mais il semble que c'est afin d'acquérir plus sûrement le droit d'entretenir la Vierge et saint Joseph de tous ses démêlés avec sa femme, avec la misère et l'intempérie des saisons, justifiant ainsi la réputation de haute estime personnelle dont les Francs-Comtois jouissent assez par le monde.

Ne fallait-il pas que le Noël fût chez nous une forme littéraire bien réellement indigène, pour qu'un observateur aussi pénétrant que leur auteur, l'imprimeur Gauthier, pensât ne pouvoir trouver de moule plus avantageux à sa pensée, et revînt assez souvent à la charge pour porter à quatre-vingts morceaux l'ensemble de ce volumineux recueil?

La monotonie qui résulte de cette persistance est, dans la pratique, moins dangereuse qu'on ne pourrait le croire. Dans les veillées que ces chants sont destinés à égayer, les chanteurs n'en prennent jamais qu'à leur soûl. A aucun gala, il ne peut être nuisible d'avoir une forte provision de vaisselle, lors même qu'elle est toute du même modèle ; d'un morceau à l'autre, il se trouve bien quelques nouveaux agréments de détail qui préviennent la satiété. Le moyen d'épiloguer tant qu'on est si vivement intéressé et amusé.

L'auteur abuse peut-être un peu parfois de son exubérance. Il n'est pas toujours en verve sur une nouvelle donnée, à l'instant où il commence ; mais ne vous impatientez pas... Cela va venir au revers de la page, où vous attend quelque bonne scène de notre vie populaire, d'une naïveté aussi intrépide que la réalité même. Parfois, le tableau attendu ne se produit pas, du moins dans son entier. Il faut se contenter de quelques mots qui l'indiquent seulement au passage, mais d'une façon saisissante. On complète alors soi-même l'intention, ce qui substitue une satisfaction d'amour-propre à celle d'une contemplation pure et simple.

Les douze premiers Noëls sont du père Prost, capucin mort en 1696. L'imprimeur François Gauthier, mort en 1730, lui succède et fait honneur à la succession. Lui aussi il amène toute la ville à la crèche, mais l'ébauche de son devancier devient sous sa plume un grand tableau où rien n'est oublié ni la bannière de brocart, ni les écoliers qui se battent malgré les menaces de leurs maîtres, qui semblent leur dire : — Demain, vous payerez cela ! Puis viennent les moines de toutes couleurs qui récitent leur chapelet, les musiciens qui s'égosillent à chanter le petit Jésus, les femmes qui vont par derrière à la débandade, en relevant leurs cottes et en pestant contre la boue.

La vogue conquise par ces Noëls dans notre province est plus étendue et plus profonde qu'on ne le soupçonne peut-être. Ils ont servi de modèles à tout ce qui s'est fait chez nous en ce genre. On doit en avoir publié à Vesoul une contrefaçon pure et simple en patois de la Haute-Saône. J'ai trouvé des lambeaux des vieilles éditions de Gauthier dans plusieurs villages du Doubs et du Jura fort éloignés les uns les autres. A mes demandes de chants populaires, plusieurs personnes répondaient en m'exhibant de gros manuscrits crasseux copiés dans le livre de Gauthier. On m'a même récité, travesties en patois du Jura, et en me donnant comme jurassiennes, des strophes que je reconnaissais aussitôt pour être réellement de Gauthier.

Enfin, comme dernier fleuron de popularité à la gloire de Gauthier, j'ajouterai que son livre n'a jamais eu d'admirateur plus résolu que le peintre Courbet, dans la famille de qui je rencontrai pour la première fois ces Noëls, voilà quelque vingt-cinq ans. Qui sait si ces chants patois, reflet si fidèle de la vie populaire qui l'entourait à Ornans dès l'enfance, n'ont pas été, au début, pour Courbet, une vraie révélation? De ces Noëls à l'*Enterrement à Ornans*, la filière serait facile à tracer, n'en déplaise aux critiques irréfléchis qui, entre autres crimes, reprochent au réalisme de manquer, comme un bâtard, d'ancêtres et de tradition.

VI

En rééditant les Noëls de Gauthier, M. Th. Belamy les a fait suivre d'un sermon en patois bisontin, sur la pénitence, qui a été traduit en patois de la Haute-Saône et imité en français par un jésuite du Jura. Dans ce morceau, le burlesque s'amalgame si fort avec a naïveté, qu'on ne peut guère le citer ici que pour mémoire. Il est divisé en deux points : — Tant mieux ! Tant pis ! et symétrique comme une harangue cicéronienne. Son principal intérêt lui vient d'étranges accouplements de mots, tels que : la sauce à l'orange des grâces spirituelles, le ratafia de la misère, la carabine de la sensualité, le tampon de la sobriété, les sucreries de la vertu, la casserole de la pénitence, le canon des vengeances divines, le robinet de la miséricorde, le cambouis du péché, l'alambic de la tribulation, etc. Cette facétie est aussi connue sous le nom de *Sermon de la crèche.*

La crèche est une tradition chère aux bisontins. Tous les hivers ils vont encore voir la nativité représentée sur un théâtre de marionnettes. A cette coutume locale se rattache l'illustration du père Barbizi, personnification du vigneron bisontin de vieille roche. Barbizi en a le sans-gêne, et ne redoute pas les cancans. On s'est même vu, dit-on, quelquefois obligé de le rappeler à l'ordre. Barbizi porte son costume traditionnel : le grand chapeau claque, la cadenette, l'habit à la française, le gilet immense, les culottes courtes, les bas bleus, les souliers à boucles et la grande canne à la Louis XIV.

VII

Après le recueil si ample, si varié et si touffu des Noëls de Besançon (1), il ne nous reste plus qu'à glaner, à une distance considérable, dans ceux d'Arbois, de Salins, de Vuillafans et de Vanclans. Les *Noëls d'Arbois* publiés en 1802, sont au nombre de quatre, et ont pour auteur le citoyen Billot, ancien procureur. D'après la préface, ils se chantaient déjà depuis cinquante ans, quand on les publia. A en juger par sa brochure, Billot devait être d'humeur assez atrabilaire, bien qu'il se vante d'être de ces gens qui gagnent à être connus. De là le ton brutal de ses plaisanteries, malgré ses prétentions à l'esprit et à l'orthodoxie.

Avec prestesse, Gauthier escaladait les situations les plus délicates sans éclabousser personne. Billot lui, au contraire, plaisante à coups de poing, en s'imaginant répondre à toute critique par cette observation sommaire qu'il agit ainsi pour le bon

---

(1) Y compris les 12 Noëls imprimés à Dôle en 1758, qui ne figurent pas dans le recueil publié par M. Belamy, en 1842.

motif. L'importance d'Arbois tenant à son tribunal et à son vignoble, Billot met naturellement en scène les gens de justice et les vignerons.

Dans le premier de ses Noëls, nous voyons les dignitaires de la ville venir à la crèche pour y rendre hommage à l'enfant Jésus ; mais un ange fait faction à la porte, et n'entre pas qui veut. Arrière les abbés coquets, les moines égrillards, les avocats et les procureurs. Sans doute il est dit que Jésus mourra entre deux voleurs, mais plus tard. Pour le moment, il peut encore, en fait de larrons, se passer d'avocat et de procureur.

Une fois sorties pour aller à la crèche, les nonnes prennent gaillardement leur volée, et font la nique à leur cloître. L'ange reproche aux vignerons de compromettre la vieille réputation d'Arbois, en ne plantant que du *gamai* (1) dans leurs vignes. Pour les jeunes filles, il déclare brutalement leur virginité suspecte.

Billot, qui met toujours les points sur les i, raconte dans sa préface qu'à Arbois, on achetait anciennement fort cher l'honneur de porter à la procession la bannière des Carmélites, et que plusieurs fois, celles qui avaient acheté cet honneur, ne tardèrent pas à prouver qu'elles n'avaient plus le droit d'y prétendre ;

_____

(1) *Gamai*, plan de vigne, de qualité inférieure, spécial à la Bourgogne et à la Franche-Comté. Le mot, que n'a pas adopté l'Académie, est écrit par certains auteurs *gamet*. Littré donne l'orthographe de *gamay*.

aussi approuve-t-il fort l'inflexibilité de l'ange, tout en déclarant que s'il ne croit pas aux vierges en général, il fait cependant une exception pour chaque jeune fille en particulier.

Le second Noël est un dialogue entre deux vignerons se rendant à la crèche. Le troisième raconte le déluge, Noé qui plante la vigne et qui se grise, la promesse d'un rédempteur, l'intervention de l'esprit saint, l'incarnation, la nativité. Le quatrième enfin raconte la vie de Jésus, de la naissance à la mort.

Avec une diction assez correcte, les Noëls de Billot ont le tort de n'être ni franchement naïfs ni frondeurs, et surtout de ne pas refléter suffisamment les mœurs populaires et pétulantes des Arboisiens (1).

On ignore le nom de l'auteur du Noël de Salins. Pour comprendre ce persiflage bien décidé, il faut savoir qu'avant la Révolution, notre petite ville de sept mille âmes avait sur les bras une vingtaine de couvents ou maisons religieuses, lesquels, ici comme partout, étaient arrivés au sans-gêne le plus parfait, ce qui fournissait belle tablature au satirique local.

Les Noëls de Vanclans (Doubs) datent de 1746. Au nombre de dix, ils ont été écrits par un missionnaire, l'abbé Humbert, auteur d'un ouvrage ascétique qui servait autrefois de livre de lecture dans

---

(1) Dans la tradition du pays, Arbois est réputé le pays des ânes. On dit les ânes d'Arbois comme on dit les chevaux de Salins et les chèvres de Poligny. A cet égard, Billot ne fait nullement la petite bouche.

les écoles primaires du diocèse : *Les pensées sur les vérités de la religion.* Après les Noëls humoristiques de Besançon, les Noëls un peu hargneux d'Arbois et le Noël frondeur de Salins, ceux-ci forment un contraste spécial par leur ton de cantique religieux, qui exclut tout élément d'intérêt plastique et pittoresque. D'un style élégant et châtié, ces Noëls abondent en expressions patoises essentiellement franc-comtoises, qui en rendraient la réimpression intéressante, surtout pour les philologues.

L'auteur ne déroge à l'allure ordinaire du cantique que dans le premier de ses Noëls, où il consigne la liste de tous ses amis sans s'oublier lui-même. Les douze morceaux s'enchaînent d'une façon méthodique qui révèle le parti-pris d'édification auquel ils ont dû l'existence.

VIII

Si les Noëls, généralement écrits en patois, portent toujours le cachet officiel de leur origine géographique, il n'en est plus de même des chansons populaires. Telle chanson est donnée par un collectionneur comme appartenant à la Bretagne ou à la Gascogne, et un autre la découvre, soit identique, soit à peine modifiée, en Dauphiné ou en Lorraine, dans la mémoire de quelque vieille femme peu suspecte de contrefaçon littéraire. C'est ce qui m'est arrivé souvent dans mes recherches. Heureusement la précision rigoureuse n'a rien ici de fort essentiel.

J'ai pris mon bien où il se trouvait, sans le moindre scrupule ; seulement je n'ai admis un morceau parmi les chansons franc-comtoises, qu'autant qu'il m'était transmis comme tel par trois ou quatre personnes, habitant dans notre province des localités éloignées et ne tirant leurs réminiscences que de vieilles traditions de famille.

Rien n'empêche, j'en conviens, qu'on n'ait en Normandie ou en Provence, la même argumentation à faire valoir dans l'espèce ; mais cette compétition paraissant inextricable, suçons toujours l'orange jusqu'à ce que messieurs les discuteurs, à qui nous laisserons poliment l'écorce, aient réussi à se mettre d'accord. Cette ubiquité de certaines chansons en fait, du reste, le meilleur éloge ; un pareil avantage, tenant à des raisons solides, ne s'aperçoit pas toujours de prime abord.

Si l'origine géographique des chansons populaires est difficile à déterminer, quand on n'a pas pour garant un texte patois ou un nom de lieu, combien plus difficile encore est la découverte du nom de leurs auteurs !

— « Qui a fait ces chansons ? se demande M. Champfleury. — C'est le compagnon partant pour le tour de France, et charmant sa route par d'interminables couplets. — C'est la bergère du village « *là haut sur la montagne !* » pensant au conscrit qui reviendra plus tard. — C'est le paysan qui prépare sa ménagère à la vie de travail qui l'attend après la noce. — Ce sont les géns d'un village, pour se gausser de ceux du village voisin. — C'est le matelot partant pour les îles, *sur son vaisseau d'argent.* — C'est la mère prudente, montrant à sa fille pauvre, le jeune roi qui *épouse les bergères,* qui le méritent. — Ce sont des buveurs de tous pays, plus amoureux de la bouteille que de l'amour. — Ce sont les amoureux trompés, se consolant des ingratitudes de leurs belles et oubliant leurs chagrins dans de mélancoliques refrains. — Qui a fait cette chanson contre les femmes ? — Les hommes. — Et cette autre contre les hommes ? — Peut-être les femmes.

« La récolte des chansons populaires est une sorte de botanique dans la vaste science archéologique. Plus de vieux parchemins à déchiffrer qui fatiguent la vue, plus de ces noires poussières à respirer dans de poudreuses archives ; mais des courses dans les villages ; de vieilles gens à interroger ; souvent la misère à soulager en pénétrant dans de pauvres cabanes ; une mission utile dans l'intérêt de la langue et de l'histoire ; une tendance à la musique qui élève l'âme ; des traits comiques et joyeux à recueillir ; de douces tristesses émouvantes, enchâssées dans une versification naïve ; le rappel au sentiment de la nature, à la bonhomie, s'échappant souvent des paroles et de la musique, le retour à la simplicité, qui font naître mélodie et vers, lesquels offrent souvent plus de raison que de rime ; de gais sourires provoqués par une voix sans prétention qui répète ces chants de l'enfance... Telles sont les jouissances réservées aux chercheurs de chansons populaires.

« Mieux que d'ambitieuses histoires, ces chansons nous apprennent à connaître le peuple de France avec les différences qui séparent le midi du nord, une province de l'est d'une province de l'ouest, une ville d'une autre ville, un bourg d'un village, un village d'un hameau. De ces chansons jaillit un sentiment particulier plein de charme, provenant de l'innocence des esprits qui les ont improvisées. On dirait que l'absence d'instruction n'a servi qu'à rendre plus vives les sensations. La joie, la tristesse, l'amour y sont dépeints plus fortement, n'étant bridés par aucune rhétorique. »

Quant à la structure prosodique des chansons populaires, elle est, en général, peu compliquée. Souvent le couplet se résume en un distique plus ou moins rimé. Comme ici la mélodie et les paroles jaillissent-simultanément de la même inspiration, le texte se contente d'indiquer la situation, puis, au moyen d'onomatopées, c'est-à-dire de — Houp! la la ! ou de : — Dondaine dondé ! variés à l'infini, la mélodie développe le thème, d'un ton plaintif ou narquois, selon la donnée du drame.

Dans le texte des chansons populaires, on est sûr de ne jamais rencontrer de cheville malencontreuse. Quand le jet de la phrase ne suffit pas à produire naturellement la rime, le poëte a recours au *retruc*, un mot recueilli par M. Champfleury, c'est-à-dire à l'emploi d'une simple assonnance qui remplit la lacune sans affadir le texte, en l'allongeant inutilement.

Souvent le dernier vers d'une strophe devient le premier de la suivante, et ainsi de suite jusqu'au bout. Cette répétition a l'avantage de prévenir les distractions de l'auditoire, de lui cheviller d'emblée le morceau dans la tête et de laisser au chanteur le temps d'étaler ses belles vocalises.

D'autres fois le couplet, sous forme de quatrain,

n'a que deux vers rimés, avec ou sans entrelacement, comme beaucoup de poésies allemandes, peut-être moins éloignées que les nôtres de la véritable tradition populaire.

La chanson populaire vit, tellement d'harmonie instinctive qu'elle sacrifie tout à celle-ci, la mesure naturelle des mots et leur accentuation. Elle est aussi prodigue d'élisions que de barbarismes. Pourvu qu'elle arrive à l'effet voulu, peu lui importent les moyens, car elle se sent garantie de tout reproche par la sincérité de son inspiration et le bon vouloir de son public. Ses moules, ou plutôt ses types, ne sont pas très-multipliés ; aussi le même sert-il souvent à des variantes infinies, sans que l'inventeur primitif, à qui en appartient tout le mérite, songe à réclamer ses droits d'auteur. Quelquefois cependant, le poète jaloux met son nom au bas du dernier couplet, comme un peintre met le sien au bas de son tableau, mais c'est l'exception. En général, l'auteur le plus éloquent fait ici abstraction de lui-même, et la masse du peuple l'en récompense en s'assimilant et immortalisant son œuvre.

IX

Chaque chanson populaire pourrait devenir l'objet d'un long commentaire. J'abrégerai.

En tête marchent naturellement les chansons d'amour, brunettes, branles ou rondeaux, qu'on appelle aussi, aux environs de Morez (Jura), des *lèchettes*, et dans la Suisse française, des *corolles*.

Pour valoir tout son prix, la chanson populaire aurait besoin d'être accompagnée de la note musicale, ou mieux encore, du chant de vive voix. Réduites à leurs avantages littéraires, ces chansons ne ressemblent plus guère qu'à une collection de fauvettes empaillées. De leur ensemble, il se dégage cependant un certain charme qui me rassure sur l'accueil qu'elles trouveront auprès des lecteurs de bon vouloir.

J'ai essayé de prouver que si la Franche-Comté n'a pas répondu publiquement à l'appel du ministre conviant chaque province à rassembler ses Chants populaires, cela tenait à notre inertie et non à notre indigence.

J'ai essayé, en même temps, d'extraire du sous-sol littéraire de notre pays la preuve que, si étranger qu'il reste forcément à ce qu'on est convenu d'appeler le mouvement intellectuel des hautes classes, le peuple, pris en masse, est cependant doué, ici comme partout, d'une activité de production et d'assimilation propre assez remarquable, puisque, sans académies, sans bibliothèques, sans historiens ni poètes attitrés, il s'est constitué à lui seul et a trouvé moyen de perpétuer de mémoire sa langue, ses traditions, ses chroniques et poésies si variées.

Les Noëls de notre province étant déjà à peu près tous du domaine public, j'ai pris à tâche, non de les faire connaître, mais de les rappeler à l'attention des oublieux.

Relativement à nos chants populaires, autre a dû être la direction de mes efforts, l'essentiel étant, avant tout, de les grouper et de les revendiquer à notre profit.

Au début de cette étude, je comptais la mener d'emblée à conclusion définitive. L'expérience a modifié cette prétention. Comment embrasser d'une seule étreinte ce qui est si essentiellement infini ? Réduite à ses dimensions provisoires de simple appel à l'attention du public, ma tentative m'a du .moins fait comprendre quelle abondante récolte deviendrait possible, si l'enquête commencée se généralisait dans tous les coins du pays. Jusqu'ici je ne suis guère sorti du cercle de mes relations ordinaires, dans le Doubs et dans le Jura. De la Haute-Saône, impossible d'obtenir un seul mot.

Pour n'exister qu'à l'état latent, les affinités de mœurs et de caractère de nos trois départements n'en sont pas moins réelles. Notre province compte près d'un million d'habitants, cinquante libraires, quinze feuilles périodiques. Comment se fait-il qu'avec un tel public et un tel outillage, notre littérature indigène reste si aplatie pour tout ce qui ne touche pas à l'archéologie ?

—Les libraires sont nos chemins vicinaux intellectuels, disait dernièrement M. Enfantin. Il en parle bien à son aise. Ceci n'est guère applicable aux nôtres, qui ne se connaissent pas même entre eux. De là aussi leur manque d'initiative collective.

Chez nous, la situation est si fâcheuse que je ne saurais à quelle porte frapper si je voulais me renseigner sur tout ce qui, depuis dix ans, s'est publié, en littérature seulement, soit en Franche-Comté, soit par des Francs-Comtois. En ce qui concerne les sciences et les arts plastiques, il en serait à peu près de même.

— Est-ce la faute des libraires ? — Quelque peu, oui, sans doute. Du droit de vendre des livres qui leur est attribué par *privilége*, il pourrait bien résulter quelques petits devoirs. Mais la faute n'est pas à eux seuls. Elle est à tout le monde. Tant que, sur cent conscrits, la statistique générale en comptera quarante ne sachant pas lire, la librairie provinciale ne battra forcément que d'une aile. N'y aurait-il pas moyen d'y remédier ?

Sans aspirer à résoudre ce problème, je tenais du moins à fournir à sa solution éventuelle quelques éléments vierges extraits, pour ainsi dire, des entrailles mêmes du pays. Au public à adopter ces éléments et à les féconder, s'il les en trouve dignes.

X

Et maintenant, petit livre, tâche de t'en tirer de ton mieux par le monde. Sur les critiques de fond ou même de forme, passe lestement condamnation. Ni toi ni moi ne prétendons à l'infaillibilité. Libre à qui voudra de faire mieux. La marge est belle. Ne défends du bec et des ongles que l'intention à laquelle tu dois l'existence, car, à cet égard, tout s'est résumé pour moi à prêcher un peu d'exemple le culte littéraire trop négligé dans notre vieille patrie franc-comtoise.

Quand, au fond de l'Amérique, les émigrés allemands sentent le mal du pays, ils ouvrent le recueil des Chants populaires de leur patrie absente, et les voilà consolés. Qu'une aubaine analogue te soit accordée, ô mon petit livre, et nul n'aura plus le droit de contester ton utilité. Puisses-tu transmettre ainsi quelques-unes de nos brises montagnardes à tous nos absents, à celui surtout qui, à propos des *Poésies franc-comtoises*, m'écrivait, de son île de Guernesey le 7 novembre dernier :

« Je vous remercie, Monsieur. Je vous dois la révélation de mon pays natal. Dans ces quelques pages charmantes, vous m'avez fait connaître la Franche-Comté. Je l'aime cette vieille terre à la fois française et espagnole. Je n'ai guère fait qu'y naître, et elle m'est aujourd'hui fermée comme le reste de la patrie. Je vous remercie de me l'avoir envoyée dans ce doux petit livre. Je la vois dans vos vers frais, vivants et vrais. Je vois le village, la prairie, la ferme, le bétail, le paysan, et aussi, ce qui est le vrai but du poète, le dedans des cœurs. Dans ma solitude un peu âpre, sur mon rocher, dans mon tourbillon, face à face avec ce sombre ciel d'hiver, côte à côte avec cet océan qui est le plus redoutable des mécontents, vous m'avez fait vivre quelques heures d'une vie aimable. Je vous rends grâce, poète.

Victor Hugo.

Tâche, petit livre, qu'on en dise autant de toi, et je te passerai joyeusement quittance de tes mois de nourrice.

Salins, 1ᵉʳ mai 1863.

LA SOUPE AU FROMAGE

HYMNE DE MAX BUCHON

MUSIQUE DE SCHANN'

Andantino mod^{to}
RITOURNELLE

ORGUE ou PIANO. ad libit:

Solennel.

La mar _ mite est sur le feu,

Mettez - y du beur _ re; Ne craignez que le trop

peu. Et, si _ tôt qu'il pleu _ re: La fa _ rine et

les oi _ gnons, Et de notre mieux soi _ gnons La soupe

tan _ _ _ do. f a Tempo.

au fro _ ma _ ge, La soupe au fro _ ma _ _ ge.

Les oignons bien fricassés,
   Versez l'eau bouillante,
Puis, faire à son gré laissez
   La flamme brillante,
Un peu de sel, mais pas trop :
Et voilà partie au trot
   La soupe au fromage.   (*bis*).

Du pain les plus beaux croûtons
   Vite à la soupière,
Et par couche entremettons
   Notre vieux gruyère.
Pour le coup versez-moi là
Votre marmite... et voilà
   La soupe au fromage !   (*bis*).

Quels superbes filets blancs
   La soupière grise
Fait rayonner de ses flancs
   Sitôt qu'on y puise !
Quel ineffable fumet
Lance à notre nez gourmet
   La soupe au fromage !   (*bis*).

Dieu ! comme cela descend !
   Qu'en dis-tu, compère?
Second service à présent :
   Les deux font la paire !
J'ai soif à n'y plus tenir,
Mais il faut d'abord finir
   La soupe au fromage !   (*bis*)

Maintenant le verre en main !
   Certe on peut bien boire,
Sans penser au lendemain,
   Quand de tout *déboire*
On est sûr d'être vainqueur
En s'appliquant sur le cœur
   La soupe au fromage !   (*bis*).

CHANTS POPULAIRES

DE LA

FRANCHE-COMTÉ

LES PETITS FENDEUX.

I avait trois p'tits fendeux,
Fendeux dessus l'herbette;
  (J'entends le rossignolet;)
I avait trois p'tits fendeux
Causant d'leurs amourettes.

Le premier des fendeux,
Celui qui tient la fende,
  (J'entends le rossignolet;)
Le premier des fendeux
Dit : — J'aime et je commande.

Le second des fendeux,
Celui qui tient la rose,
  (J'entends le rossignolet;)
Le second des fendeux
Dit : — J'aime et moi je n'ose.

Le troisièm' des fendeux,
Celui qui tient l'amande,
  (J'entends le rossignolet;)
Le troisièm' des fendeux
Dit : — J'aime et je demande.

— Mon ami ne serez,
Vous qui tenez la fende, ·
    (J'entends le rossignolet ;)
Mon ami ne serez ;
L'amour ne se commande.

Mon ami ne serez,
Vous qui tenez la rose,
    (J'entends le rossignolet ;)
Mon ami ne serez,
Si vous n'osez, je n'ose.

Mon ami vous serez,
Vous qui tenez l'amande,
    (J'entends le rossignolet ;)
Mon ami vous serez,
L'on donne à qui demande.

Qu'est-ce que ces fendeux ? Sans doute des bûcherons.
Et la fende, la rose et l'amande ? Ces mots ne sont sans
doute là que pour le *retruc* dont je parlais tout-à-l'heure.
Du reste, ne soyons pas trop curieux ; car, comme le dit
Sainte-Beuve en présence d'un embarras analogue, essayer
de comprendre, c'est déjà n'avoir pas compris.

AH ! IOUPA, LA LA !

Voilà ma journée faite !
    Ah ! ioupa, la la !
Lidéra, de riquette,
Et ioupette, la la !
Voilà ma journée faite,
Il faut donc m'en aller. (*Ter*).

En chemin, je rencontre,
    Ah ! ioupa, la la !
Lidéra, de riquette,
Et ioupette, la la !
En chemin, je rencontre
Jeune fille à mon gré.

La pris par sa main blanche
    Ah ! ioupa, la la !
Lidéra, de riquette,
Et ioupette, la la !
La pris par sa main blanche,
Au bois je la menai.

Quand au bois, fut la belle,
    Ah ! ioupa, la la !
Lidéra, de riquette,
Et ioupette, la la !
Quand au bois fut la belle,
Elle se mit à pleurer.

— Que pleurez-vous, la belle,
 Ah ! ioupa, la la !
Lidéra, de riquette,
Et ioupette, la la !
Que pleurez-vous, la belle,
Qu'avez-vous à pleurer ?

— Je pleur', c'est de tristesse,
 Ah ! ioupa, la la !
Lidéra, de riquette,
Et ioupette, la la !
Je pleur', c'est de tristesse,
Et non pas de gaieté.(1)

— Ne pleurez pas, la belle,
 Ah ! ioupa, la la !
Lidéra, de riquette,
Et ioupette, la la !
Ne pleurez pas, la belle,
Du bois vous sortirez.

Quand dehors fut la belle,
 Ah ! ioupa, la la !
Lidéra, de riquette,
Et ioupette, la la !
Quand dehors fut la belle,
Ell'se mit à chanter.

— Que chantez-vous, la belle,
 Ah ! ioupa, la la !
Lidéra, de riquette,
Et ioupette, la la !
Que chantez-vous, la belle,
Qu'avez-vous à chanter ?

(1) Variante : Je pleur' que je suis jeune
     Et que j' suis en danger.

— Je ris de ce gros bête,
    Ah ! ioupa, la la !
Lidéra, de riquette,
Et ioupette, la la !
Je ris de ce gros bête
Qui n'a su m'embrasser.

— Rentrons au bois, la belle,
    Ah ! ioupa, la la !
Lidéra, de riquette,
Et ioupette, la la !
Rentrons au bois, la belle,
Je vous embrasserai.

— Quand tu tenais la caille au bois,
    Ah ! ioupa, la la !
Lidéra, de riquette,
Et ioupette, la la !
Quand tu tenais la caille au bois,
    Il fallait la plumer.

LA CLAIRE FONTAINE.

En revenant des noces,
J'étais bien fatiguée.
Au bord d'une fontaine,
Je me suis reposée.
Ah! je l'attends, je l'attends, je l'attends,
Celui que j'aime,
Que mon cœur aime.
Ah! je l'attends, je l'attends, je l'attends,
Ah! l'attendrai-je encor longtemps?

Au bord d'une fontaine,
Je me suis reposée;
Et l'onde était si claire
Que je m'y suis baignée.
Ah! je l'attends, je l'attends, je l'attends,
Celui que j'aime,
Que mon cœur aime;
Ah! je l'attends, je l'attends, je l'attends,
Ah! l'attendrai-je encor longtemps?

Et l'onde était si claire
Que je m'y suis baignée;
A la feuille d'un chêne,
Je me suis essuyée.
Ah! je l'attends, je l'attends, je l'attends,
Celui que j'aime,
Que mon cœur aime,

Ah ! je l'attends, je l'attends, je l'attends,
Ah ! l'attendrai-je encor longtemps ?

A la feuille d'un chêne,
Je me suis essuyée ;
Sur la plus haute branche
Le rossignol chantait :
Ah ! je l'attends, je l'attends, je l'attends,
Celui que j'aime,
Que mon cœur aime,
Ah ! je l'attends, je l'attends, je l'attends,
Ah ! l'attendrai-je encor longtemps ?

Sur la plus haute branche,
Le rossignol chantait.
Chante, rossignol, chante,
Toi qu'as le cœur si gai.
Ah ! je l'attends, je l'attends, je l'attends,
Celui que j'aime,
Que mon cœur aime,
Ah ! je l'attends, je l'attends, je l'attends,
Ah ! l'attendrai-je encor longtemps ?

Chante, rossignol, chante,
Toi qu'as le cœur si gai,
Le mien n'est pas de même,
Car il est affligé.
Ah ! je l'attends, je l'attends, je l'attends,
Celui que j'aime,
Que mon cœur aime,
Ah ! je l'attends, je l'attends, je l'attends,
Ah ! l'attendrai-je encor longtemps ?

Le mien n'est pas de même,
Car il est affligé,

C'est que mon ami Pierre
Avec moi s'est brouillé.
Ah! je l'attends, je l'attends, je l'attends,
Celui que j'aime,
Que mon cœur aime.
Ah! je l'attends, je l'attends, je l'attends,
Ah! l'attendrai-je encor longtemps?

C'est que mon ami Pierre,
Avec moi s'est brouillé,
Pour un bouton de rose,
Que je lui refusai,
Ah! je l'attends, je l'attends, je l'attends,
Celui que j'aime,
Que mon cœur aime.
Ah! je l'attends, je l'attends, je l'attends,
Ah! l'attendrai-je encor longtemps?

Pour un bouton de rose,
Que je lui refusai.
Je voudrais que la rose,
Fût encore au rosier.
Ah! je l'attends, je l'attends, je l'attends,
Celui que j'aime,
Que mon cœur aime.
Ah! je l'attends, je l'attends, je l'attends,
Ah! l'attendrai-je encor longtemps?

Je voudrais que la rose
Fût encore au rosier,
Et que le rosier même
Fût encore à planter.
Ah! je l'attends, je l'attends, je l'attends,
Celui que j'aime,
Que mon cœur aime.

Ah! je l'attends, je l'attends, je l'attends,
Ah! l'attendrai-je encor longtemps?

Et que le rosier même
Fût encore à planter,
Et que mon ami Pierre,
Fût encore à m'aimer.
Ah! je l'attends, je l'attends, je l'attends,
Celui que j'aime,
Que mon cœur aime.
Ah! je l'attends, je l'attends, je l'attends.
Ah! l'attendrai-je encor longtemps?

M. Xavier Marmier dit avoir retrouvé au Canada cette
chanson qui m'a été adressée de quatre ou cinq localités
différentes de notre pays, ainsi que la précédente.

LE ROSIER BLANC.

J'ai cueilli la rose, rose (*bis*),
L'ai mise à mon tablier blanc.
    Belle rose, rose !
L'ai mise à mon tablier blanc,
    Belle rose au rosier blanc.

Je l'ai portée à ma mère (*bis*).
Entre Paris et Rouen,
    Belle rose, rose !
Entre Paris et Rouen,
    Belle rose au rosier blanc.

Et voilà que j'y rencontre (*bis*)
Un rossignolet chantant,
    Belle rose, rose !
Un rossignolet chantant,
    Belle rose au rosier blanc.

Il me dit dans son langage : (*bis*)
— Mariez-vous promptement,
    Belle rose, rose !
Mariez-vous promptement,
    Belle rose au rosier blanc.

Car pour se mettre en ménage (*bis*)
Sage est qui pas trop n'attend,

Belle rose, rose !
Sage est qui pas trop n'attend,
Belle rose au rosier blanc.

LES PANTOUFLETTES.

J'avais pris mes pantouflettes
Qui vont faisant cric et crac;
Je me suis mise à la fenêtre
Voir si mon ami ne vient pas.
    — Et pensez-vous qu'il m'oublie?
      Et oh ! la ! la !
    Qu'il n'm'oublie pas ?

Je me suis mise à la fenêtre
Voir si mon ami ne vient pas.
    J'aperçus la claire lune,
Claire lune, que Dieu te gard' !
    — Et pensez-vous qu'il m'oublie ?
      Et oh ! la ! la !
    Qu'il n'm'oublie pas?

J'aperçus la claire lune.
Claire lune, que Dieu te gard' !
    Hélas ! que les nuits sont longues
Quand les amis n'y sont pas.
    — Et pensez-vous qu'il m'oublie
      Et oh ! la ! la !
    Qu'il n'm'oublie pas !

Hélas ! que les nuits sont longues
Quand les amis n'y sont pas.

Ma mère est à la fenêtre
Elle entend ce discours-là.
— Et pensez-vous qu'il m'oublie ?
    Et oh ! la ! la !
    Qu'il n'm'oublie pas ?

Ma mère est à la fenêtre,
Elle entend ce discours-là.
— Taisez-vous, petite sotte,
Votre père le saura.
— Et pensez-vous qu'il m'oublie ?
    Et oh ! la ! la !
    Qu'il n'm'oublie pas !

— Taisez-vous, petite sotte,
Votre père le saura.
— Ma mère, ma bonne mère,
Savez-vous ce qu'il y a ?
Et pensez-vous qu'il m'oublie ?
    Et oh ! la ! la !
    Qu'il n'm'oublie pas ?

Ma mère, ma bonne mère,
Savez-vous ce qu'il y a ?...
Si vous êtes à votre aise,
Tout le monde n'y est pas.
Et pensez-vous qu'il m'oublie !
    Et oh ! la ! la !
    Qu'il n'm'oublie pas ?

LE BOIS ROSSIGNOLET.

M'y allant promener
    Le ré !
Le long du grand chemin,
    Le rin !
Le long du grand chemin !
Là je m'y endormis,
    Le ri !
    A l'om,
    Le ron !
    Bre sous,
    Le ron !
    D'un pin,
    Le rin !
Au bois rossignolet,
    Le ret !
Au bois rossignolet.

Là je m'y endormis,
    Le ri !
A l'ombre sous un pin,
    Le rin !
A l'ombre sous un pin.
Quand je me réveillis,
    Le ri !
    Le pin,
    Le rin !

Était,
Le ret !
Fleuri,
Le ri !
Au bois rossignolet, etc.

Quand je me réveillis,
Le ri !
Le pin était fleuri,
Le ri !
Le pin était fleuri !
Vit'! je pris mon coutiau,
Le riau !
Un' bran,
Le ran !
Che j'en,
Le ran !
Coupis,
Le ri !
Au bois rossignolet, etc.

Vit'! je pris mon coutiau,
Le riau !
Un' branche j'en coupis,
Et j'en fis un flutiau,
Le riau !
Un fla,
Le ra !
Geolet,
Le ret !
Aussi,
Le ri !
Au bois rossignolet, etc.

Et j'en fis un flutiau,

Le riau !
Un flageolet aussi,
Le ri !
Un flageolet aussi,
Et m'en allai chantant.
Le ran !
Le long,
Le ron !
Du grand,
Le ran !
Chemin,
Le rin !
Au bois rossignolet, etc.

Et m'en allai chantant,
Le ran !
Le long du grand chemin,
Le rin !
Le long du grand chemin !
Ah ! savez-vous, Messieurs,
Le rieu !
Ce que,
Le re,
Ma flû,
Le ru,
Te a dit ?
Le ri !
Au bois rossignolet, etc.

Ah ! savez-vous, Messieurs,
Le rieu !
Ce que ma flûte a dit ?
Le ri !
Ce que ma flûte a dit ?
Ah ! qu'il est doux d'aimer,

Le ré !

Le fils,

Le ri !

De son,

Le ron !

Voisin,

Le rin !

Au bois rossignolet, etc.

Ah ! qu'il est doux d'aimer,

Le ré !

Le fils de son voisin,

Le rin !

Le fils de son voisin !

Quand on l'a vu le soir.

Le soir

On le,

Le re,

Voit le,

Le re,

Matin,

Le rin !

Au bois rossignolet,

Le ret,

Au bois rossignolet.

Je publiai pour la première fois cette jolie chanson dans le *Journal pour tous*, en 1855. A l'arrivée du journal, deux octogénaires de Besançon, un monsieur et une dame, se mirent à danser de compagnie chez le libraire, M. Bulle, tout ravis de retrouver cet écho de leur lointaine jeunesse. J'ai aussi entendu le *Bois rossignolet* dans la Suisse française, où il avait peut-être été porté en 1792 par quelque émigré. Ceux qui contestent aux Francs-Comtois le sentiment poétique, n'ont qu'à étudier ce chef-d'œuvre du genre, et ils reviendront de leur prévention.

VIVE L'AMOUR ET LE LILAS.

Derrière chez mon père, } *bis.*
    Vive l'amour !
Un oranger il y a !
Tra la! Tradere la !
Un oranger il y a.
Vive l'amour et le lilas !

Je vais pour les cueillir,
    Vive l'amour !
Mon échell' sous mon bras,
Tra la ! Tradere la !
Mon échell' sous mon bras,
Vive l'amour et le lilas !

Au marché je les porte,
    Vive l'amour !
Ma corbeille à mon bras,
Tra la ! Tradere la !
Ma corbeille à mon bras,
Vive l'amour et le lilas !

Un galant je rencontre,
    Vive l'amour !
Qui me les acheta
Tra la! Tradere la !

Qui me les acheta,
Vive l'amour et le lilas !

— Portez-les dans ma chambre,
        Vive l'amour !
Nous les compterons là,
Tra la ! Tradere la !
Nous les compterons là,
Vive l'amour et le lilas !

Je compte, je recompte,
        Vive l'amour !
Le compte n'y est pas !
Tra la ! Tradere la !
Le compte n'y est pas,
Vive l'amour et le lilas !

— Mettez-vous-y, la belle,
        Vive l'amour !
Et le compte y sera,
Tra la ! Tradere la !
Et le compte y sera,
Vive l'amour et le lilas !

LES TROIS JOLIES PRINCESSES.

Derrière chez mon père,
  Vole, mon cœur, vole !
Derrière chez mon père,
Il y a-t-un pommier doux,
Il y a-t-un pommier doux,
   Tout doux,
    Et iou !
Il y a-t-un pommier doux.

Trois jolies princesses,
  Vole, mon cœur, vole !
Trois jolies princesses
Sont assises dessous,
Sont assises dessous,
   Tout doux,
    Et iou !
Sont assises dessous !

— Çà, dit la première,
  Vole, mon cœur, vole !
Çà, dit la première,
C'est le point du jour,
C'est le point du jour,
   Tout doux,
    Et iou !
C'est le point du jour.

— Çà, dit la deuxième,
  Vole, mon cœur vole !
Çà, dit la deuxième,
J'entends le tambour,
J'entends le tambour,
    Tout doux,
    Et iou !
J'entends le tambour !

— Çà, dit la troisième,
  Vole, mon cœur, vole !
Çà, dit la troisième,
C'est mon ami doux,
C'est mon ami doux,
    Tout doux,
    Et iou !
C'est mon ami doux !

Il va-t-à la guerre,
  Vole, mon cœur, vole !
Il va-t-à la guerre,
Combattre pour nous,
Combattre pour nous,
    Tout doux,
    Et iou !
Combattre pour nous !

S'il gagne bataille,
  Vole, mon cœur, vole !
S'il gagne bataille
Il aura mes amours,
Il aura mes amours,
    Tout doux,

Et iou !

Il aura mes amours !

Qu'il gagne ou non gagne,
  Vole, mon cœur, vole !
Qu'il gagne ou non gagne,
Il les aura toujours,
Il les aura toujours,
    Tout doux,
      Et iou !
Il les aura toujours !

Les trois jolies princesses nous ramènent à ce monde
ternaire où se complaisent la poésie et la tradition populaires : trois petits fendeux, trois princesses, trois capitaines,
trois robes, trois danses, trois anneaux, etc. Ces dames sont
assises sous un pommier doux que nos archéologues rattachent aux traditions druidiques. Contentons-nous d'admirer
ce cri du cœur de la troisième protestant que, même vaincu,
son galant peut toujours compter sur elle.

LE ROI ET LA BERGÈRE.

Tout là-haut sur ces côtes (*bis*),
Une bergère il y a,
    Lon la !

C'est une demoiselle (*bis*),
Qui chante joliment,
    Lon la !

Du haut de sa fenêtre (*bis*),
Le fils du roi l'entend,
    Lon la !

— Vite, vite, qu'on selle (*bis*)
Mon joli cheval blanc.
    Lon la !

Quand il fut sur ces côtes (*bis*),
Finie est la chanson,
    Lon la !

— Votre chanson nouvelle (*bis*),
Belle, recommencez,
    Lon la !

— J'ai le cœur en tristesse (*bis*),
Je ne puis plus chanter,
    Lon la !

— Pour le remettre en joie (*bis*),
Il faut vous marier.
    Lon la !

Si vous voulez mon page (*bis*),
Mon page vous aurez,
    Lon la !

Si ne voulez mon page (*bis*),
Mon frère vous aurez,
    Lon la !

Si ne voulez mon frère (*bis*),
Moi-même vous aurez,
    Lon la !

Si ne voulez moi-même (*bis*),
Que dira-t-on de vous ?
    Lon la !

On dira : c'est la reine (*bis*),
A la reine, le roi !
    Lon la !

Je lis sous ce titre *Le Roi et la Bergère*, dans le recueil encore manuscrit des *Traditions populaires recueillies en Franche-Comté*, par M. Ch. Thuriet : (1)

---

(1) La partie de ce recueil concernant le Jura a été publiée depuis dans les Bulletins de la *Société d'Agriculture, Sciences, et Arts de Poligny*. 1876-1877.

« Cette histoire est déjà bien vieille. Elle date au moins du temps où la reine Berthe filait, où il y avait des rois qui épousaient des bergères et où nous n'avions encore ni opéra, ni conservatoire. La musique, cet art divin qui a fait des merveilles depuis le commencement du monde, qui a fait mouvoir les pierres pour bâtir les murailles des plus grandes cités, qui a enchaîné la rage des tigres et des lions et qui a pu même une fois fléchir l'inexorable gardien du séjour des morts, — la musique était l'entraînement passionné d'un jeune prince qui venait de monter sur le trône et de ceindre la couronne. Ce prince, parcourant ses nouveaux Etats, entendit un jour du haut de sa fenêtre, la voix d'une bergère qui chantait, tranquillement assise au sommet d'une petite montagne, où elle faisait paître son troupeau. — « Vite, vite, dit le prince à ses écuyers, qu'on selle mon joli cheval blanc. » Accompagné seulement de son page et de son frère, il gravit la montagne et arrive auprès de la bergère qui venait d'achever sa chansonnette. Le roi la salue et la prie de recommencer sa chanson si jolie. La bergerette toute troublée à la vue de ces trois beaux cavaliers, répond en baissant les yeux : — « Pardonnez-moi, grand prince; j'ai le cœur en tristesse et ne puis plus chanter. » — « Pour le remettre en joie, dit le roi, il faut vous marier. Si vous voulez pour votre époux mon beau page, mon beau page vous aurez. » La bergerette ne répondit point. — « Si c'est mon frère que vous voulez pour époux, dit encore le roi, mon cher frère vous aurez.» La bergerette se tut encore. — « Si ne voulez mon frère, dit alors le roi, en se découvrant le front, moi-même voudrez-vous ? » — La bergerette rougit et n'osa rien répondre. — « Si de moi vous ne voulez, dit enfin le roi en présentant sa main à la bergère, que dira-t-on de vous ? » On dira, répondit alors la bergerette, en levant les yeux et en posant sa main dans celle que le roi lui offrait, on dira de moi : *C'est la reine! — « A la reine le roi!* » s'écrièrent en même temps les trois beaux cavaliers, et ainsi fut décidé le mariage du roi et de la bergère. C'est depuis ce temps-là, ajoute la tradition, que l'on dit en commun proverbe : *On a bien vu des rois épouser des bergères.* »

Cette tradition a dû servir de sujet à la chanson ci-dessus, très-connue en Franche-Comté, et très-remarquable par la concision de sa facture.

LA BELLE BARBIÈRE.

En France, il y a-t-une barbière
Qui est plus belle que le jour ;
Mais, hélas ! comment faut-il faire
Pour en obtenir ses amours ?

Il faut lui donner des aubades,
Aussitôt la pointe du jour.
Ce sont trois jeunes gentilshommes,
Qui voudraient lui faire la cour.

Aussitôt la première aubade,
La barbière ouvre ses yeux doux
Et met la tête à la fenêtre :
— Beaux messieurs, que demandez-vous ?

— Demandons la belle barbière,
La barbe ne nous ferez-vous ?
— Oh ! oui, mes jeunes gentilshommes ;
L'ai faite à bien d'autres que vous (1).

---

(1) Une variante porte :

« Oui, je l'ai faite au roi d'Espagne
» Qui valait bien autant que vous. »

Cette variante est précieuse, parce qu'elle donne la date certaine du xvııᵉ siècle, à la chanson, époque où la Franche-Comté était sous la domination de l'Espagne.

Elle réveille sa servante :
— Marguerite, allons, levez-vous ;
Apprêtez mon beau plat à barbe,
Et mes rasoirs qui sont autour.

Apprêtez ma jolie serviette
Qui est pliée en plis d'amour,
Le savon et la savonnette,
Et que chacun vienne à son tour.

Le premier que rase la belle,
Il change trois fois de couleur.
— Est-ce mon rasoir qui vous blesse ?
Que ne le disiez-vous, monsieur ?

— Ne sont vos rasoirs qui me blessent,
Mais ce sont bien vos beaux yeux doux.
— Laissez mes yeux, beau gentilhomme,
Mes beaux yeux n'y sont pas pour vous ;

Mes amours et mes amourettes,
Ils sont à un autre que vous ;
Ils sont embarqués sur la Saône,
Et vont la nuit comme le jour.

DERRIÈRE CHEZ MA TANTE.

Derrière chez ma tante,
Il y a-t-un bois joli.
Le rossignol y chante
Et le jour et la nuit.
  Gai lon la !
Gai le rosier du joli mois de mai !

Le rossignol y chante
Et le jour et la nuit.
Il chante pour ces dames
Qui n'ont pas de maris.
  Gai lon la !
Gai le rosier du joli mois de mai !

Il chante pour ces dames
Qui n'ont pas de maris.
Il n'chante pas pour moi,
Car j'en ai un joli.
  Gai lon la !
Gai le rosier du joli mois de mai !

Il n'chante pas pour moi,
Car j'en ai un joli.
Il n'est pas dans la danse,
Il est bien loin d'ici.

Gai lon la !
Gai le rosier du joli mois de mai !

Il n'est pas dans la danse,
Il est bien loin d'ici.
Il est dans la Hollande,
Les Hollandais l'ont pris.
Gai lon la !
Gai le rosier du joli mois de mai !

Il est dans la Hollande,
Les Hollandais l'ont pris.
— Que donneriez-vous, belle,
Pour le ravoir ici ?
Gai lon la !
Gai le rosier du joli mois de mai !

Que donneriez-vous, belle,
Pour le ravoir ici ?
— Je donnerais Québec,
Sorel et Saint-Denis.
Gai lon la !
Gai le rosier du joli mois de mai !

LES FOINS.

Dès le matin, je vais avec ma mie,
Faucher là-bas le foin dans la prairie,
En même temps que va et vient ma faux,
Derrière moi ratelle son râteau.

A chaque fleur, à chaque marguerite
Qu'abat ma faux, je me retourne vite,
Pour savoir si ma mie y est toujours,
Et si ses yeux brillent encor d'amour.

Quand midi sonne, elle apporte ma soupe,
Sur le foin frais que ma fauchette coupe,
Et nous voilà l'un près de l'autre assis,
Nous régalant du meilleur appétit.

En nous servant de la même cuillère,
Nous nous lorgnons de façon singulière.
Après midi, ma mie un peu s'endort ;
De mon côté, je fais aussi le mort.

Mais un moment après je me réveille,
Et sur ma mie avec grand soin je veille,
Pour lui chasser mouches et papillons,
Qui près de nous voltigent tout en rond.

Par un baiser, à la belle endormie,
Je dis enfin : — Réveillez-vous, ma mie!
Le foin est sec, le chariot, le voici...
Qu'il faut charger, mais soyez sans souci...

Pour s'en aller, plus rien ne nous empêche !
Montons là-haut sur la luzerne fraîche,
Et l'on dira, en nous voyant là-haut :
— En voilà deux qu'on mariera bientôt.

NOUS Y ÉTIONS TROIS FILLES.

Nous y étions trois filles,
Sur la rive d'un gué,
Nous disant l'une à l'autre :
— Allons nous y baigner.

Sous ces branches de saule,
Qui pourrait nous trouver?
— Oh! se dit la plus jeune,
Moi, je n'y veux aller.

Si le fils du roi passe,
Il nous emmènera.
N'eut pas dit la parole,
Le fils du roi passa.

La prit par sa main blanche
En croupe la monta.
Quand elle fût en croupe
Sitôt elle pleura.

— Ne pleurez pas, la belle,
Qu'avez-vous à pleurer?
Pleurez-vous votre père,
Ou votre mère ou moi?

— Ne pleure ni mon père,
Ni ma mère, ni toi.
Je pleure mes trois frères
Qui sont si loin de moi.

— Ne pleurez pas, la belle,
Nous irons les revoir,
Quand vous serez la reine,
Quand je serai le roi,

Quand vous serez la reine,
Quand je serai le roi,
Une fois la semaine,
C'est quatre fois le mois.

DIX FILLES A MARIER.

Y avait dix filles dans un pré,
Toutes les dix à marier.
        Y avait Dine,
        Y avait Chine,
Y avait Suzette et Martine.
        Ah ! ah !
        Catherinette,
        Catherina !
Y avait la jeune Lizon,
La comtesse de Montbazon,
        Y avait Madeleine
        Et... puis la Dumaine.

Toutes les dix à marier.
Le fils du roi vint à passer ;
        Lorgna Dine
        Lorgna Chine,
Lorgna Suzette et Martine.
        Ah ! ah !
        Catherinette,
        Catherina !
Lorgna la jeune Lizon,
La comtesse de Montbazon,
        Lorgna Madeleine
        Embrassa... la Dumaine.

A toutes il fit un cadeau,
A toutes il fit un cadeau,
 Bague à Dine
 Bague à Chine,
Bague à Suzette et à Martine
 Ah ! ah !
 Catherinette,
 Catherina !
Bague à la jeune Lizon,
La comtesse de Montbazon,
 Bague à la Madeleine
 Diamants... à la Dumaine.

Puis il fallut s'aller coucher
Puis il fallut s'aller coucher.
 Paille à Dine,
 Paille à Chine,
Paille à Suzette et à Martine,
 Ah ! ah !
 Catherinette,
 Catherina !
Paille à la jeune Lizon,
La comtesse de Montbazon,
 Paille à Madeleine,
 Beau lit... à la Dumaine.

Puis toutes il les renvoya
Puis toutes il les renvoya,
 Chassa Dine,
 Chassa Chine,
Chassa Suzette et Martine.
 Ah ! ah !
 Catherinette,
 Catherina !

Chassa la jeune Lizon,
La comtesse de Montbazon,
Chassa Madeleine,
Et garda... la Dumaine.

LE JOLI CAPITAINE.

Joli capitaine,
Revenant de guerre,
Cherche ses amours.
Il les a tant cherchés,
Qu'il les a retrouvés
Dedans une tour.

— Oh ! dites-moi, belle,
Qui vous a fait mettre
Dedans cette tour ?
— C'est mon très-cher père,
Qui m'y a fait mettre
Par rapport à vous.

Joli capitaine,
Demande à mon père
Quand je sortirai.
— Général de France,
Ta fille te demande
Quand elle sortira.

— Joli capitaine,
N'en sois point en peine ;
Tu ne l'auras pas.
— Je l'aurai par ruse,

Je l'aurai par force,
Ou par trahison.

Le père, de rage,
Ouvre le grillage,
Et la jette à l'eau.
Son amant, plus sage,
Se jette à la nage
Pour la retirer.

A la première ville,
Son amant l'habille
Tout en satin blanc.
A la seconde ville,
Son amant l'habille
Tout d'or et d'argent.

A la troisième ville,
Son amant l'habille
Tout en diamants.
Elle était si belle
Qu'elle était la reine
Dans le régiment.

LA FILLE D'UN PRINCE.

L'a fille d'un prince voulant aimer,
Son père la fit enfermer,
La fit mettre dans une tour
Pour qu'on ne lui fasse pas l'amour.

Au bout de la seconde année,
Son père alla la visiter :
— Bonjour, ma fille, comment ça va ?
— Ma foi, papa, ça va comme ça ?

J'ai un côté rongé des vers ;
L'autre côté, brisé des fers.
— Eh bien, ma fille, si vous voulez,
De cette tour vous sortirez.

— Oh ! non, papa, oh ! pour cela
Mes amours ne quitterai pas.
— Alors, meurs dedans cette tour,
Pour qu'on n'te fasse pas l'amour.

Elle y mourut, on l'ensevelit
Pour la porter à Saint-Denis ;
Quatre-vingts prêtres, autant d'abbés,
Portaient la princesse enterrer.

Le fils du roi, passant par là,
Dit au cortége : — Arrêtez-là !
Vous portez ma mie enterrer,
Permettez-moi de l'embrasser.

Qu'on m'apporte mes ciseaux fins,
Pour découdre ce drap de lin...
Et quand le drap fut découdu,
La belle s'a bien reconnu.

La belle chose que d'aimer,
Disent les prêtres, les abbés.
On portait la belle enterrer,
A présent la faut marier.

LA FILLE DE SCEY. (1)

Un dimanche après vêpres,
Un soir après souper,
M'y allant promener,
Je vis une clarté.
C'était cell' de ma mie
Qui s'allait reposer.

— Bonsoir, ma mi', bonsoir,
Et's-vous déjà couchée ?
Y a bientôt six semaines
Qu'à vous je n'ai parlé.
Ouvrez-moi votre porte,
La bell', si vous m'aimez !

— Comment ouvrir sa porte
Quand on n'a pas la clef ?
Mon père, aussi ma mère
Sont dans leur lit couchés.
Venez à la fenêtre,
Je vous y parlerai.

— Je suis à la fenêtre,
La belle, y viendrez-vous ?

(1) Scey, petite localité du Doubs.

Je suis trempé de pluie,
Dans l'eau jusqu'au genou.
N'aurai-je point, la belle,
Quelque faveur de vous ?

— Le manteau de mon père
Est dans nos chambr' en haut ;
Si vous le voulez mettre,
J'irai vous le chercher,
Pour vous mettre à la soute.
Qu'vous n'soyiez pas mouillé.

— Les chiens de votre père
Ne font que d'me japer.
. . . .
Ils dis'nt en leur langage :
Garçon, tu perds ta peine,
Garçon, tu perds ton temps.

D'après ce texte, ces visites nocturnes ne sont point poussées à l'extrême dans notre pays, si ce n'est toutefois, dit-on, aux environs de Montbéliard. Une chanson lorraine sur le même sujet représente le père intervenant, et le galant décampant sans culotte et sans sabots. La terre classique de cette singulière coutume, c'est la Suisse allemande, où elle s'appelle le *Kilt*. Une fille ne perd nullement sa considération à recevoir, le samedi soir, son kilteur. Le kilt et les kilteurs reviennent souvent dans les romans bernois du pasteur Gotthelf. Avant lui, un autre pasteur de l'Oberland, le poëte Kuhn, avait déjà chanté le kilt dans une chanson patoise.

LA BELLE FRANÇOISE.

Deux amants tendrement épris
 Soupiraient sous un chêne (*bis*);
  Quand le papa,
  Passant par là,
Bien étonné sur eux tomba.

— Oh ciel! en croirai-je mes yeux?
 Ma fille Françoise (*bis*)
  Sur ce gazon,
  Sans plus d'façon,
Avec un pareil polisson !

Vite, mes gardes, enchaînez
 Ce couple abominable. (*bis*)
  Dans une tour
  A triple tour,
Qu'on les enferme pour toujours.

Là, le pauvre amant soupirait :
— François', belle Françoise, (*bis*)
  N'aurai-je donc
  Jamais le don
D'obtenir au moins ton pardon ?

Par les barreaux de sa prison :
— Non, répondait Françoise (*bis*);

Un tribunal
Non moins brutal,
Va trancher notre sort fatal!

Devant les juges, voilà donc
Tous deux qu'on les amène (*bis*).
    Bien enchaînés ;
    Et décharnés ;
Hélas ! pour s'être trop aimés !

Les juges en se regardant :
— Voilà deux amants tendres, (*bis*)
    Délions-les,
    ·Marions-les,
Et qu'il n'en soit plus reparlé.

LA CHANSON DES QUENOUILLES.

A ta quenouille au ruban blanc,
File, file pour ton galant
La chemise à plis qu'il mettra
Bientôt, quand il t'épousera.

A ta quenouille au ruban bleu,
File, en priant bien le bon Dieu,
L'aube du vieux prêtre béni,
Qui vous dira : — Je vous unis !

A ta quenouille au ruban vert,
File la nappe à cent couverts,
Sur laquelle, de si bon cœur,
Nous boirons à votre bonheur.

A ta quenouille au ruban gris,
File, file les draps de lit
Pour ta chambrette dont vous seuls,
Lui et toi, passerez le seuil.

A ta quenouille au ruban d'or,
File toujours et file encor
Les béguins, langes et maillots,
Pour ton premier gros poupenot.

A ta quenouille au ruban roux,
Filé un mouchoir de chanvre doux,
Qui servira à essuyer
Tes yeux, quand ils voudront pleurer.

A ta quenouille au ruban noir,
File, sans trop le laisser voir,
Le linceul dont, quand tu mourras,
L'un de nous t'enveloppera.

LA LÉGENDE DE RENAUD.

Quand Renaud de la guerre revint,
Portait ses tripes dans ses mains.
— Bonjour, ma mère. — Bonjour mon fils;
Ta femme est accouchée d'un p'tit.

— Allez, ma mère, allez devant;
Faites-moi dresser un lit blanc.
Mais faites-le dresser si bas,
Que ma femme ne l'entende pas.

Et quand ce fut vers la minuit,
Jean Renaud a rendu l'esprit.
— Ah! dites-moi, mère, ma mie,
Qu'est c'que j'entends pleurer ici?

— Ma fille, ce sont les enfants
Qui se plaignent du mal de dents.
— Ah! dites-moi, mère, ma mie,
Qu'est c'que j'entends clouer ici?

— Ma fille, c'est le charpentier
Qui raccommode le grenier.
— Ah! dites-moi, mère, ma mie,
Qu'est c'que j'entends chanter ici?

— Ma fille, c'est la procession
Qui fait le tour de la maison.
— Ah ! dites-moi, mère, ma mie,
Quelle robe mettre aujourd'hui ?

— Quittez le rose, aussi le gris,
Prenez le noir pour mieux choisir.
— Ah ! dites-moi, mère, ma mie,
Pourquoi me mettre en deuil ainsi ?

— Ma fille, il faut vous l'avouer,
C'est Jean Renaud qu'est décédé.
— Ma mère, dit's au fossoyeux
Qu'il fasse la fosse pour deux.

. . . .

Et que l'cercueil soit assez grand,
Pour qu'on y mette aussi l'enfant.

LES VOITURIERS DE MARINE.

Tant que dans l'grand Jura
Des sapins il y aura,
Nous viendrons au *Ch'val blanc*
Dîner pour notre argent.
Qu'il pleuv', qu'il grêle, qu'il vent',
  Qu'il tonne,
Avecque nos grands bœufs,
Nous sommes sur la route,
  Soir et matin,
  Le fouet en main.

D'la soupe et du bouilli,
Du lard et du rôti,
Du poulet, du jambon,
Pour nous n'y a rien de trop bon.
Servez-nous vit', Madame
  L'auberge,
De votre bon vin vieux ;
Puis viendra la d'mi tasse
  De bon café,
  Et l'pous'-café.

Quand nous somm's en chemin
Pour venir à Salins,
Nous prenons en pitié
Les pauvres labouriers.

Des routes toujours la
    Marine
Tient le beau milieu,
Et d'un roi le carrosse
    Ne la f'rait pas
    Bouger d'un pas.

Quand le marchand de bois
Nous pai' ce qu'il nous doit,
Avant de remonter
On pense à sa beauté.
Parlez-moi, pour aller
    En blonde,
D'avoir le gousset plein,
D'faire à sa Rosalie,
    Tout aussitôt,
    Un p'tit cadeau.

Qu'est-c' qu'a fait cett' chanson?
C'est Coulas d'chez Bousson,
Qui gagn' très-bien son pain
A mener des rondins.
Celui qui l'a faite est
    D'Vill'neuve,
De Villeneuve d'Amont.
Qu'ceux qui n'la trouv'nt pas belle
    Essay'nt seul'ment
    D'en faire autant.

LA CHANSON DU CAPORAL.

Voici le joli printemps !
  Rique ! riquandaine !
Les poissons dansent dans l'eau,
Riquandaine ! riquando !

Au bois chante le coucou,
  Rique ! riquandaine !
Et au champ le bergereau,
Riquandaine ! riquando !

— Ma belle, venez ce soir,
  Rique ! riquandaine !
Derrière le vieux sureau,
Riquandaine ! riquando !

J'ai pour vous de beaux rubans,
  Rique ! riquandaine !
Des bijoux encor plus beaux,
Riquandaine ! riquando !

Après neuf mois bien comptés,
  Rique ! riquandaine !
Arrive un chrétien nouveau,
Riquandaine ! riquando !

Pour le père, dès longtemps,
  Rique ! riquandaine !
Il courait par monts et vaux,
Riquandaine ! riquando !

Quand la fille apprend cela,
  Rique ! riquandaine !
Elle retourne au sureau,
Riquandaine ! riquando !

Le lendemain on la voit,
  Rique ! riquandaine !
Qui pendait à ses rameaux,
Riquandaine ! riquando !

Moi, son bâtard, me voilà,
  Rique ! riquandaine !
La crème des caporaux,
Riquandaine ! riquando !

Ne rêvant plus qu'au moyen,
  Rique ! riquandaine !
En défendant mon drapeau,
Riquandaine ! riquando !

De devenir général,
  Rique ! riquandaine !
Sans y trop laisser ma peau.
Riquandaine ! riquando !

LE BEAU PAYSAN.

— Madam' l'hôtesse, est-il permis
   D'entrer dans votre auberge
   Et de s'y restaurer ?
— Entre ! entre ! beau paysan,
Mon mari est en campagne.
Entre ! entre ! beau paysan,
Mon mari n'est pas méchant.

— Madam' l'hôtesse est-il permis
   D'souper à votre table
   Et de s'y goberger ?
— Soupe ! soupe ! beau paysan,
Mon mari est en campagne.
Soupe ! soupe ! beau paysan,
Mon mari n'est pas méchant.

— Madam' l'hôtesse est-il permis
   D'coucher dans votre auberge
   Et de s'y reposer ?
— Couche ! couche ! beau paysan,
Mon mari est en campagne.
Couche ! couche ! beau paysan,
Mon mari n'est pas méchant.

— Madam' l'hôtesse est-il permis
   D'filer au point du jour

Sans bourse délier?
— File ! file ! beau paysan,
Mon mari est en campagne.
File ! file ! beau paysan,
Mon mari n'est pas méchant.

LA CHANSON DU VAL D'AMOUR.

Qui veut ouïr une chanson ?
C'est d'une jeune demoiselle,
Qui pleurait et qui soupirait,
Que son amant n'allait plus voir.

Belle, je vous irais bien voir,
Je crains de fâcher votre père.
Permettez-moi d'ouvrir la tour,
J'irai vous y voir nuit et jour.

Bel amant, si vous y venez,
J'y mettrai flambeau pour enseigne.
Tant que le flambeau durera,
Jamais l'amour ne finira.

Le bel amant s'est embarqué,
Parmi les eaux, parmi les ondes,
A mis le pied sur le bateau ;
N'a plus vu ni ciel, ni flambeau.

Le lac flottant l'a enlevé
Parmi ses eaux, parmi ses ondes.
Le lac a repris son courroux,
L'envoie accoster à la tour.

Quand la belle se réveilla,
Qu'elle mit la tête en fenêtre,
Regarde en haut, regarde en bas
Et voit son amant au trépas.

Cruelle chose que d'aimer,
Quand on n'a pas celui qu'on aime.
Hier au soir j'avais un amant,
Je n'en ai plus présentement.

Je m'en irai parmi les bois,
Ferai comme la tourterelle,
Je m'en irai finir mes jours
Comme mon amant ses amours.

De la pointe de mes ciseaux,
Percerai une de mes veines,
Et ferai couler de mon sang
Pour ressusciter mon amant.

LE PÈRE A GRANVELLE.

Qui très-toujours martelle ?
Pan, patapan ! Pan ! Pan !
Tard couchant, levant tôt,
C'est le père à Granvelle,
Le forgieux Perrenot.

Or, dis-moi, sur l'enclume,
Pan, patapan ! Pan ! Pan !
Tard couchant, levant tôt,
Pourquoi, durant la lune,
Tu frappes le marteau ?

Si, faut-il que travaille,
Pan, patapan ! Pan ! Pan !
Tard couchant, levant tôt,
Pour que ma gaieté vaille,
Car gaieté c'est mon lot.

Nicolas fasse richesse ;
Pan, patapan ! Pan ! Pan !
Tard couchant, levant tôt,
Pour moi c'est grand'liesse ;
Mais point ne veux repos.

Nicolas aim' son père,
Pan, patapan ! Pan ! Pan !

9

Tard couchant, levant tôt.
Il veut, pour ne rien faire,
Que j'quitte le marteau.

Le quitter, Dieu m'en gare !
Pan, patapan ! Pan ! Pan !
Tard ·couchant, levant tôt,
Mon marteau, j'vous déclare,
L'ai eu qu'étais marmot.

Nicolas prenn' son frère,
Pan, patapan ! Pan ! Pan !
Tard couchant, levant tôt,
Pour l'ôter de misère,
Et fair' porter manteau.

Moi ne veux qu'mon enclume,
Pan, patapan ! Pan ! Pan !
Tard couchant, levant tôt,
Point ne veux la fortune,
Pauvreté, c'est mon lot.

Content suis quand martelle,
Pan, patapan ! Pan ! Pan !
Tard couchant, levant tôt,
Quand vois les étincelles,
Et qu'ois les coups d'marteau.

J'aime Ornans, ma bonn'ville,
Pan, patapan ! Pan ! Pan !
Tard couchant, levant tôt,
Et ma blanch' Loue qui file
Comme un ch'val au galop.

Battons, ferrons sans cesse,
Pan, patapan ! Pan ! Pan !
Tard couchant, levant tôt,
Car c'est joie et liesse
Du forgieux Perrenot.

Il est singulier que l'époque, relativement peu éloignée où nous appartenions à l'Espagne, n'ait pas laissé de traces dans nos Noëls et dans nos chants populaires. La chanson du *Père à Granvelle* est jusqu'ici la seule à ma connaissance qui déroge un peu à ce mutisme général, et encore ! Cette chanson a bien un peu l'air d'un croc-en-jambe donné aux prétentions aristocratiques, qu'elle semble vouloir imputer à crime au cardinal; aussi est-elle fort mal vue à Besançon. Je la donne telle quelle, comme morceau littéraire d'assez belle facture, et non comme document historique. Aux experts la discussion.

LA VIEILLE DE MORTEAU. (1)

A Morteau, y a-t-une vieille
Qu'a passé quatre-vingts ans ;
  La bribrambran, brambran,
      La vieille !
Qu'a passé quatre-vingts ans,
      La bribrambran !

Jean Droguet, qui la courtise,
Crut qu'ell' n'avait pas vingt ans.
  La bribrambran, brambran,
      La vieille !
Crut qu'ell' n'avait pas vingt ans,
      La bribrambran !

Jean Droguet, si tu m'épouses,
Tu seras riche marchand,
  La bribrambran, brambran,
      La vieille !
Tu seras riche marchand,
      La bribrambran !

Tu auras quatre-vingts vaches
Et autant d'argent vaillant.

---

(1) Petite ville du Doubs.

La bribrambran, brambran,
    La vieille !
Et autant d'argent vaillant,
    La bribrambran !

Il lui r'garda dans la bouche,
Il n'y trouva plus qu'deux dents.
    La bribrambran, brambran,
        La vieille !
Il n'y trouva plus qu'deux dents,
    La bribrambran !

L'une faisait crique croque,
L'autre en faisait tout autant.
    La bribrambran, brambran,
        La vieille !
L'autre en faisait tout autant,
    La bribrambran !

Il lui r'garda dans l'oreille,
La mousse poussait dans.
    La bribrambran, brambran,
        La vieille !
La mousse poussait dedans,
    La bribrambran !

Le mardi se fit la noce,
L'mercredi, l'enterrement.
    La bribrambran, brambran,
        La vieille !
L'mercredi l'enterrement,
    La bribrambran !

LES FILLES DE VÉSIGNEUX. (1)

A Vésigneux,
L'aimable lieu,
Il y a des filles
Tant qu'on en veut,
Des p'tites et des grandes
Qui voudraient bien se marier.
Personne ne les demande.

Les filles se sont rassemblées.
Une lettre ell's ont composée,
L'ont portée à la messe.
— Tenez,   monsieur le curé,
Publiez   ttre.

Le curé n'y a pas manqué,
Cette lettre il a publiée.
— Garçons, faites réjouissance !
Car vous serez
Tous mariés ;
Les filles vous demandent,

Les garçons, entendant cela,
Se sont mis à rire aux éclats,

(1) Petite localité du Doubs.

En se tordant la panse.
— Non, non, merci, monsieur le curé,
Merci d'la préférence.

Les filles se sont regardées
Et se sont mises à pleurer.
— Maudits soient le papier et l'encre
Puisque, quoi qu'on fasse aujourd'hui,
Rien ne nous avance.

On trouve des variantes de cette chanson à Chenecey sur la Loue et à Geneuille-sur-l'Ognon (*Doubs*). Ces variantes commencent ainsi :

« C'est à Chenencey,
En vérité,
Qu'il y a des filles
En quantité...
....

C'est à Genieu,
Ce noble lieu,
Qu'il y a des filles
Tant qu'on en veut... »
....

Dans aucune de ces variantes les couplets ne sont réguliers; cependant, ils se psalmodient tous à peu près sur le même air.

LE TESTAMENT DE L'ANE.

En revenant de Saint-Martin,
  De la foire aux ânes,
L'âne est tombé dans le fossé.
Hélas! hi! hi! hélas! hi! ha!
  La pauvre bête est morte.
      Hi! ha!

Tous ses p'tits ânons ont couru :
  — Maman, êtes-vous morte?
— Oh! non, oh! non, mes p'tits ânons,
Hélas! hi! hi! hélas! hi! ha!
  Je parle bien encore.
      Hi! ha!

— Voulez-vous faire un testament?
  N'en voulez-vous point faire?
— Oh! oui, oh! oui, mes p'tits ânons,
Hélas! hi! hi! hélas! hi! ha!
  Allez chercher l' notaire.
      Hi! ha!

Quand le notaire fut venu,
  Avec son écritoire :
— Je donne à mes petits ânons,
Hélas! hi! hi! hélas! hi! ha!

Mes patt's et mes oreilles,
Hi ! ha !

Je donne ma peau au tambour
Pour battre la retraite ;
Je donne ma queue au curé.
Hélas ! hi ! hi ! hélas ! hi ! ha !
Pour donner l'aspergès...
Hi ! ha !

Je donne à Monsieur le notaire
Mon, mon, mon c.. pour boire ;
Quand il aura bien bu dedans,
Hélas ! hi ! hi ! hélas ! hi ! ha !
S'en f'ra une écritoire.
Hi ! ha !

LA PETITE MARIANNE.

Quand elle s'en va-t-au moulin,
Le nez au vent et l'œil mutin,
   La petite Marianne,
   Elle monte sur son âne,
   En allant au moulin,
     Drelin, din din !

Le meunier la voyant venir,
De rire ne peut se tenir :
   — Ma petite Marianne,
   Attachez-là votre âne,
   A la port' du moulin,
     Drelin, din din !

Pendant que le moulin tournait
Et que l'meunier la chiffonnait,
   La petite Marianne,
   Le loup a mangé l'âne,
   A la port' du moulin,
     Drelin, din din !

— Ah ! Dieu que vais-je devenir ?
Si chez nous on voit revenir
   La petite Marianne,
   Sans ramener notre âne

Qu'est venu au moulin ?
Drelin, din din !

— J'ai cinq écus dans mon gousset,
Laissez-en deux, prenez-en trois,
   Ma petite Marianne,
   Pour racheter un âne
   Au retour du moulin.
    Drelin, din din !

Son père, la voyant venir,
De pleurer ne put se tenir :
   — Ma petite Marianne,
   Ce n'est pas là notre âne
   Qu'est allé au moulin.
    Drelin, din din !

Le nôtre a les quatre pieds blancs
Et les oreilles redressant.
   Ma petite Marianne,
   Ce n'est pas là notre âne
   Qui revient du moulin.
    Drelin din din !

Père, c'est bientôt la saison
Que les bêtes changent d'toison,
   Dit petite Marianne,
   Ainsi a fait notre âne
   En rentrant du moulin.
    Drelin, din din !

LA VIOLETTE.

J'ai un long voyage à faire,
Je ne sais qui le fera.
Ce sera rossignolette
Qui pour moi fera cela.
La violette double double,
La violette doublera.

Rossignol prend sa volée,
Au palais d'amour s'en va.
Trouvant la porte fermée,
Par la fenêtre y entra.
La violette double double,
La violette doublera.

Il voit trois messieurs à table
Trois dames entre leurs bras;
Fit trois belles révérences
Et devant eux s'avança.
La violette double double,
La violette doublera.

Bonjour l'une, bonjour l'autre,
Bonjour, belle que voilà.
C'est votre amant qui demande
Que vous ne l'oubliez pas.

La violette double double,
La violette doublera.

Quoi ! mon amant me demande
Que je ne l'oublie pas ?
J'en ai oublié bien d'autres ;
J'oublierai bien celui-là.
La violette double double,
La violette doublera.

J'AI FAIT UN RÊVE.

J'ai fait un rêve cette nuit,
    Que ma mie était morte.

Je vais chez elle lui porter
    Un frais bouton de rose.

— Belle, je vais m'y marier,
    Viendrez-vous à mes noces ?

— La femme que vous épousez,
    Est-elle bien jolie ?

— Elle n'est pas si joli' qu'vous,
    Mais elle est bien plus riche.

— A vos noces, je n'irai point,
    Mais j'irai à la danse.

La couturière a donc coupé
    Trois robes pour la belle :

La première de satin blanc,
    L'autre couleur de rose,

La troisième brodée en or,
    Pour fair'voir qu'elle est noble.

En la voyant paraître, on dit :
— Voilà la mariée.

— La mariée je ne suis point,
Je suis la délaissée.

Tout en dansant un premier tour,
Elle change de robe.

Tout en dansant un second tour,
En met encore une autre.

Tout en dansant un troisième tour,
La belle tomba morte.

Elle tomba du côté droit,
L'amant du côté gauche.

Tous les gens, qui étaient présents
S'disaient les uns aux autres :

— Voilà le sort des amoureux
Qui en épousent d'autres.

PAYSAN, DONNE-MOI TA FILLE (1).

Je m'en vais voir ma maîtresse,
 Et voilà tout.
Entre les onze heures et minuit,
A la fenêtre de son lit.
 Et voilà tout.

 — Y dormez-vous, Jeanne, ma mie ?
 Et voilà tout.
Si vous dormez, réveillez-vous ;
C'est votre amant qui parle à vous,
 Et voilà tout.

 — Non, je n'y dors, je n'y sommeille,
 Et voilà tout.
Toute la nuit je pense à vous ;
Mon cher ami, marions-nous,
 Et voilà tout.

Il faut en parler à mon père,
 Et voilà tout.
A ma mère, à tous mes parents.
Pour moi j'en ai le cœur content,
 Et voilà tout.

_____

(1) Chanson communiquée par Mlle Jenny Bouvresse, à Héricourt.

— Paysan, donne-moi ta fille,
        Et voilà tout.
Donne-la-moi en t'y priant,
Tu m'y rendras le cœur content,
        Et voilà tout.

— Ma fille, elle est trop jeunette,
        Et voilà tout.
Elle est trop jeune encor' d'un an,
Faites l'amour en attendant,
        Et voilà tout.

— L'amour, je n'veux plus faire,
        Et voilà tout.
Garçon qui fait l'amour longtemps
Risque fort de perdre son temps,
        Et voilà tout.

EN REVENANT DE LA FOIRE.

En revenant de la foire,
De la foire de mon pays,
J'ai rencontré z'une femme
Qui battait bien son mari.
    Tu ris, tu ris, bergère,
    Ma bergère, tu ris.

J'ai rencontré z'une femme
Qui battait bien son mari.
Je lui dis : — Méchante femme,
Pourquoi le bats-tu z'ainsi ?
    Tu ris, tu ris, bergère,
    Ma bergère, tu ris.

— Je le bats et le veux battre,
De moi parc' qu'il fait mépris.
Il s'en va tout par la ville,
Disant que j'ai des favoris.
    Tu ris, tu ris, bergère,
    Ma bergère, tu ris.

Oui, j'en ai ; eh bien ! quand même,
Le vieillard en vaut-il pis ?
Au diable les sottes bêtes,
Sottes bêtes de maris.

Tu ris, tu ris, bergère,
Ma bergère, tu ris.

Qui sont jaloux de leur femme,
Pourquoi donc en ont-ils pris ?
Je voudrais que tous les vieux hommes
Soient de bons chapons rôtis.
    Tu ris, tu ris, bergère,
    Ma bergère, tu ris.

Et que tout's les vieilles femmes
Soient des caill's et des perdrix,
Et que tout's les jeunes filles
Soient marié's à leur plaisi.
    Tu ris, tu ris, bergère,
    Ma bergère, tu ris.

Y en a dans la compagnie,
Qui ne diraient pas nenni.
Si vous les voulez connaître,
Regardez celle qui rit.
    Tu ris, tu ris, bergère,
    Ma bergère, tu ris.

LE GROS MOINE.

C'était un gros moine
Qui d'amour vivait.
S'en fut vers sa mie
Qu'est au coin du... tan tir lir,
Qu'est au coin du... vouichte en vouichte,
Qu'est au coin du bois.

S'en fut vers sa mie
Qu'est au coin du bois.
— Qu'avez-vous, la belle,
Que tant sou... tan tir lir,
Que tant sou... vouichte en vouichte,
Que tant soupirez ?

Qu'avez-vous, la belle,
Que tant soupirez ?
— J'ai cinq vach's à traire
Et j'ai mal au... tan tir lir,
Et j'ai mal au... vouichte en vouichte,
Et j'ai mal au doigt.

J'ai cinq vach's à traire
Et j'ai mal au doigt.
— Que me donn'rez vous,
Belle, et je les... tan tir lir,
Et je les... vouichte en vouichte,
Et je les trairai ?

Que me donn'rez-vous,
Belle, et j'les trairai ?
— Un baiser d'ma bouche,
Deux, si vous... tan tir lir,
Deux, si vous... vouichte en vouichte,
Deux si vous voulez.

Un baiser d'ma bouche,
Deux, si vous voulez.
Le moine bien vite
Prit le seau du... tan tir lir,
Le seau du... vouichte en vouichte,
Prit le seau du lait.

Le moine bien vite
Prit le seau du lait,
Va trouver Grivelle
Qu'est au coin du... tan tir lir,
Qu'est au coin du... vouichte en vouichte,
Qu'est au coin du bois.

Va trouver Grivelle,
Qu'est au coin du bois.
— Tourne-toi, Grivelle,
Donne-moi ton... tan tir lir,
Donne-moi ton... vouichte en vouichte,
Donne-moi ton lait.

Tourne-toi, Grivelle
Donne-moi ton lait.
Mais Grivell' fut leste
A jouer du... tan tir lir,
A jouer du... vouichte en vouichte,
A jouer du pied.

Mais Grivell' fut leste
A jouer du pied,
Et jeta le moine
Tout au coin du... tân tir lir,
Tout au coin du... voûichte en voûichte,
Tout au coin du bois.

LA CHANSON DE LA SCIE.

Beau scieur dont la scie active et blanche
Danse au courant de l'eau de ton moulin,
Que prétends-tu faire de cette planche,
En si beau bois de chêne ou de sapin ?

J'en prétends faire un berceau pour l'enfance,
Un bois de lit pour les nouveaux époux ;
Pour le marin un bâtiment immense,
Un coffre-fort pour l'usurier jaloux.

J'en prétends faire un pétrin où travaille
Le boulanger et sa pelle à michon ;
J'en prétends faire une grande futaille
Pour le bon vin du joyeux vigneron.

J'en prétends faire aux amateurs de danse
Sur la pelouse un joli violon ;
Au cabaret, pour les jours de bombance,
Les bancs et tables où nous nous installons.

J'en prétends faire aux prisons une porte
Et pour l'église une chaire à prêcher,
Avec un grand confessionnal d'où sorte
Le pénitent lavé de ses péchés.

J'en prétends faire à mon moulin des ailes ;
Un beau dressoir aux plats à grandes fleurs ;
Et pour la mort qui vient, mesdemoiselles,
Un cercueil noir ou blanc, jaspé de pleurs !

SAINT NICOLAS.

Il était trois petits enfants,
Qui s'en allaient glaner aux champs.

S'en vont un soir chez un boucher.
— Boucher, voudrais-tu nous loger ?

— Entrez, entrez, petits enfants ;
Il y a d'la place assurément.

Ils n'étaient pas sitôt entrés
Que le boucher les a tués.

Les a coupés en p'tits morceaux,
Mis au saloir comme pourceaux.

Saint-Nicolas, au bout d'sept ans,
Saint-Nicolas vient dans ce champ.

Il s'en alla chez le boucher :
— Boucher, voudrais-tu me loger ?

— Entrez, entrez, saint Nicolas,
Il y a d'la place, il n'en manqu' pas.

Il n'était pas sitôt entré
Qu'il a demandé à souper.

— Voulez-vous un morceau de jambon ?
— Je n'en veux pas, il n'est pas bon.

— Voulez-vous un morceau de veau ?
— Je n'en veux pas, il n'est pas beau.

Du p'tit salé je veux avoir,
Qu'il y a sept ans qu'est dans l'saloir.

Quand le boucher entendit c'la,
Hors de la porte, il s'enfuya.

— Boucher, boucher, ne t'enfuis pas ;
Repens-toi, Dieu te pardonn'ra.

Saint Nicolas posa trois doigts
Dessus le bord de ce saloir.

Le premier dit : — J'ai bien dormi.
Le second dit : — Et moi aussi.

Et le troisième répondit :
— Je croyais être en paradis.

LA PRISE DE NAMUR.

Bonjour, Namur et ton château ;
Rare beauté, rien n'est si beau.
Je te salue, charmante ville,
Je veux t'avoir dessous ma loi.
Rends-toi, Namur, rends-toi-z-à moi.

— Qui êtes-vous, qui me parlez,
Et de si près me caressez ?
— Je suis le général de France,
Qui veut t'avoir dessous sa loi.
Rends-toi, Namur, rends-toi-z-à moi.

— Général, sois moins fanfaron,
J'ai de la poudre et du canon.
Tu n'auras pas ma citadelle.
Le roi de Prusse est mon ami ;
Il va venir me secouri.

— Puisque c'est là ton dernier mot...
Sonnez, trompettes, à l'assaut !
Sans fascines et sans échelles,
Le sabre aux dents, mes grenadiers !
Rira bien qui rira l'dernier.

— Grand roi de Prusse, où êtes-vous ?
Hélas ! hélas ! secourez-nous ?

Les Français sont aux palissades
Les grenadiers, dans les fossés,
Sont comme des lions déchaînés.

Ah! Nous voyons bien qu'il le faut,
Français, Français, cessez l'assaut !
Grâce ! Nous vous demandons grâce !
Dès aujourd'hui nous nous rendons
Au pouvoir de la nation.

VERDURON, VERDURETTE.

Quand j'étais chez mon père,
Petite Jeanneton,
On m'envoyait à l'herbe,
A l'herbe et au cresson.
Verduron, verdurette,
   Verduron, don don !

La fontaine était creuse
Et j'ai tombé au fond.
Sur le grand chemin passent
Trois chevaliers-barons.
Verduron, verdurette,
   Verduron, don don !

— Que donn'rez-vous, la belle,
Nous vous retirerons ?
— Retirez-moi, dit-elle,
Après ça, nous verrons.
Verduron, verdurette,
   Verduron, don don !

Quand dehors fut la belle,
S'enfuit à la maison ;
Se met à la fenêtre
Et chante une chanson.
Verduron, verdurette,
   Verduron, don don !

— Ce n'est pas ça, la belle,
Que nous vous demandons;
C'est votre petit cœur,
Si nous le méritons.
Verduron, verdurette,
   Verduron, don don.

— Mon petit cœur, dit-elle,
N'est pas pour un baron,
Mais pour mon ami Pierre;
Pierre, c'est mon mignon.
Verduron, verdurette,
   Verduron, don don!

LA CHANSON DU CHARBONNIER.

C'était un charbonnier,
Plus noir qu'une écritoire, *(bis)*
Qui courait par le monde
En vendant son charbon,
Avec sa banne et son ânon.

Si son teint était noir.
Ses dents étaient bien blanches, *(bis)*
Et sa mine si franche
Que quand on le voyait,
Tout le monde lui souriait.

Une dame, un beau jour
Lui dit : — Combien ta banne ? *(bis)*
— Hélas, ma belle dame,
Je la vends trois écus,
Et mon déjeuner par dessus.

— Mon gentil charbonnier,
Reprend la belle dame, *(bis)*
Amène-moi ta banne,
Je pai'rai trois écus,
Et ton déjeuner par dessus.

Mon gentil charbonnier,
Ta femme est-elle jolie? (*bis*)
Hélas, ma belle dame
- Pas si joli' que vous,
Car mon charbon la noircit tout.

Quand l'argent fut compté,
Bien rangé sur la table. (*bis*)
— Hélas! ma belle dame,
Ramassez votre argent,
Un doux baiser me rend content.

JEAN GUILLERI.

Jean petit, Jean joli,
Jean Guill'ri, mon ami,
Que feras-tu quand je serai morte,
Dis-le moi, dis ?

— Je me marierai bien vite,
Mère, je vous le dis ;
Croyez-vous pas que je resterais garçon ?
Oh ! que nanni !

— Et qui prendras-tu pour femme,
Jean Guilleri, mon ami,
Et qui prendras-tu pour femme,
Dis-le moi, dis ?

— Je prendrai la bergère des vaches,
Mère, je vous le dis ;
Croyez-vous que je prendrais une princesse ?
Oh ! que nanni !

— Et quelle belle robe lui achèteras-tu,
Jean Guilleri, mon ami ?
Et quelle belle robe lui achèteras-tu,
Dis-le moi, dis ?

— Une robe de vieux droguet,
  Mère, je vous le dis.
Croyiez-vous que j'allais lui en donner un'de soie?
  Oh ! que nanni !

— Et quel bonnet lui achèteras-tu,
  Jean Guilleri, mon ami,
Et quel bonnet lui achèteras-tu,
  Dis-le moi, dis ?

— Une vieille caule de futaine,
  Mère, je vous le dis ;
Croyiez-vous qu'j'allais lui en ach'ter un'de dentelle ?
  Oh ! que nanni !

— Et quels beaux bas lui achèteras-tu,
  Jean Guilleri, mon ami,
Et quels beaux bas lui achèteras-tu,
  Dis-le moi, dis ?

— Des gros chaussons filés d'ortie,
  Mère, je vous le dis ;
Croyiez-vous qu'j'allais lui en donner de filoselle?
  Oh ! que nanni !

— Et quels souliers lui achèteras-tu,
  Jean Guilleri, mon ami,
Et quels souliers lui achèteras-tu,
  Dis-le moi, dis ?

— De gros sabots de foyard,
  Mère, je vous le dis ;
Croyiez-vous que j'allais la mettre en escarpins ?
  Oh ! que nanni !

— Et quelle chemise lui achèteras-tu,
    Jean Guilleri, mon ami,
Et quelle chemise lui achèteras-tu,
    Dis-le moi, dis ?

— Une grosse chemise de toile d'étoupes,
    Mère, je vous le dis ;
Croyiez-vous que j'allais lui en donner d'batiste ?
    Oh ! que nanni !

    — Et dans quel lit la mettras-tu,
    Jean Guilleri, mon ami,
Et dans quel lit la mettras-tu,
    Dis-le moi, dis ?

    — Sur une paillasse de gros cheneveuilles,
    Mère, je vous le dis ;
Croyiez-vous que j'allais la mettre dans un lit de plume ?
    Oh ! que nanni !

    — Et quel fricot lui serviras-tu,
    Jean Guilleri, mon ami ;
Et quel fricot lui serviras-tu,
    Dis-le moi, dis ?

    — De la soupe à l'ail,
    Mère, je vous le dis ;
Croyiez-vous que j'allais la nourrir de poulet ?
    Oh ! que nanni !

    — Et si elle meurt, que feras-tu,
    Jean Guilleri, mon ami ;
Et si elle meurt, que feras-tu,
    Dis-le moi, dis ?

— J'en prendrai vite une autre,
Mère, je vous le dis;
Croyiez-vous que j'allais m'en casser la tête,
Oh! que nanni!

La chanson de *Jean Guillert*, très-répandue en Franche-Comté, se psalmodie sur le ton des psaumes que l'on chante à Vêpres le dimanche, ce qui la dispense de tout respect pour la mesure et la cadence.

VOLI VOLETTE.

Derrière chez mon père,   } bis.
  Un oiseau il y a.
Un oiseau, voli, volette,
  Un oiseau il y a.

Il dit tous les jours,   } bis.
  Qu'il s'envolera.
Qu'il s'envol... voli, volette,
  Qu'il s'envolera.

Il s'est envolé,   } bis.
  Sur un chêne au bois.
Sur un chên... voli, volette,
  Sur un chêne au bois.

La branche était sèche,   } bis.
  Et l'oiseau tomba.
Et l'oiseau... voli, volette,
  Et l'oiseau tomba.

— Mon petit oiseau,   } bis.
  T'es-tu bien fait mal ?
T'es-tu bien... voli, volette,
  T'es-tu bien fait mal ?

— Je me suis cassé l'aile } *bis.*
Et tordu le cou.
Et tordu... voli, volette,
Et tordu le cou.

Adieu, mes beaux jours } *bis.*
Adieu, mes amours.
Adieu, mes... voli, volette,
Adieu, mes amours.

AUGUSTA.

A Longchaumois, la noble ville,
La noble ville, se dit-on,
    Deladondaine !
La noble ville, se dit-on,
    Deladondon !

Il y avait trois jeunes filles,
Trois jeunes filles, se dit-on,
    Deladondaine !
Et aussi trois jeunes garçons,
    Deladondon !

La plus jeune qui se marie,
Qui se marie, se le dit-on,
    Deladondaine !
Avec le plus jeune garçon,
    Deladondon !

Elle a des cheveux à la tête,
A la tête, se le dit-on,
    Deladondaine !
Qui lui tombent jusqu'aux talons,
    Deladondon !

C'est sa mère qui les lui peigne,

Qui les lui peigne, se dit-on,
  Deladondaine !
Avec un beau peigne de plomb,
  Deladondon !

C'est son frère qui les lui noue,
Qui les lui noue, se le dit-on,
  Deladondaine !
Avec cent aunes de cordon,
  Deladondon !

— Notre Augusta, que tu es belle !
Que tu es belle, se dit-on,
  Deladondaine !
Mais les gens d'armes te prendront,
  Deladondon !

— Non, je n'ai pas peur des gens d'armes,
Les gens d'armes, se le dit-on,
  Deladondaine !
Les gens d'armes sont bons garçons,
  Deladondon !

Elle n'eut pas dit la parole,
Dit la parole, se dit-on,
  Deladondaine !
Qu'ils entraient dedans la maison,
  Deladondon !

NANETTE.

C'était trois beaux soldats
Revenant de la guerre,
Revenant de la guerre,
Revenant du Piémont,
Parlant de leurs maîtresses,
Les regrettant souvent.

Le plus jeune des trois
Dit à son capitaine,
Dit à son capitaine :
— Donnez-moi mon congé,
Pour aller voir Nanette,
Que si longtemps j'aimai.

Le capitaine répond,
Comme un homme de guerre :
— Tu as la carte blanche,
Ton joli passe-port.
Va–t-en voir la Nanette,
Et reviens tout d'abord.

Quand il s'en fut, là–bas,
Au château de Nanette :
— Où donc est ma Nanette,
Qu'elle n'est pas ici ?
Son joli corps en terre !
Son âme en paradis !

Quand il s'en fut là-haut,
Au tombeau de Nanette :
— Nanette, ma Nanette,
Qui t'a conduite ici ?
— C'est votre départie
Qui m'y a fait mouri !

LA BELLE ROSALIE.

La belle Rosalie
A perdu son amant.
N'est-ce pas bien dommage,
A l'âge de quinze ans !

Rossignolet sauvage,
Messager langoureux,
Donne-moi des nouvelles
De mon cher amoureux.

— Ton amoureux, la belle,
Il a passé le Rhin.
Je suis son capitaine,
Je le sais donc fort bien.

Prends tes habits, la belle,
T'habilles en guerrier.
Tu marcheras, sans doute,
Quarante jours entiers.

Quarante jours de marche,
Quarante jours et nuits,
Quarante jours de marche,
Tu seras au pays,

En entrant dans la ville,
Elle voit son amant,
Qui faisait l'exercice
Sous un drapeau volant.

— Si j'avais su, la belle,
Que tu viendrais ici,
J'aurais passé la mer,
Tu n' m'aurais pas revu.

— Mon Dieu! est-il possible
Que j'aie fait tant de pas,
Pour un amant que j'aime
Et qui ne m'aime pas !

Rossignolet sauvage,
Messager langoureux,
Donne-moi des nouvelles
D'mes autres amoureux.

— Tes amoureux, la belle,
Ils sont tous mariés,
Et ils ont pris pour femmes
Des filles de la Comté ;

Tous, ils ont pris pour femmes
Des filles de la Comté,
— Et moi, pauvre fillette,
Me voilà délaissée !

LE MARI RASSASIÉ DE L'ÊTRE.

Enfin, me voilà veuf.
Je vais chez mon voisin :
    — Voisin ! — Eh !
    — Ma femme est morte !
Si la tienne l'était aussi,
Nous nocerions de belle sorte.

Car c'est ell' qui faisait
Le train à la maison ;
Mais la bougresse est morte.
Elle ne mettra plus
De l'eau dedans mon vin,
Puisque la voilà morte.

Et de là je m'en fus
Tout droit chez le curé :
    — Curé ! — Eh !
    — Ma femme est morte !
Venez lestement la chercher,
Ou je la flanque à votre porte.

Car c'est ell' qui faisait
Le train à la maison ; etc.

Et de là, je m'en fus
Droit chez le fossoyeur :
    — Fossoyeur ! — Eh

    — Ma femme est morte!
Creusez sa fosse et si profond,
Que jamais la bougresse n'en sorte.

    Car c'est ell' qui faisait
    Le train à la maison ; etc.

    Et de là, je m'en fus
    Tout droit au paradis :
        — Saint-Pierre ! — Eh !
        — Ma femme est morte!
Si par hasard, ell' vient ici,
Fermez-lui vite votre porte.

    Car c'est ell' qui faisait
    Le train à la maison ; etc.

    Et de là, je m'en fus
    Tout droit chez Lucifer :
        — Lucifer ! — Eh !
        — Ma femme est morte!
Si par hasard, ell' vient ici,
Ouvre-lui ta plus grande porte.

    Car c'est ell' qui faisait
    Le train à la maison ;
    Mais la bougresse est morte.
    Elle ne mettra plus
    De l'eau dedans mon vin,
    Puisque la voilà morte.

LA CHÈVRE.

Nous avions une chèvre
Qui n'avait que deux ans ;
Elle s'en fut manger
Les choux à Jean Bertrand.

Elle a d'l'entendement,
    Ma bique,
Elle a d' l'entendement.

Elle s'en fut manger
Les choux à Jean Bertrand.
Elle a mangé un chou
Qui valait bien cent francs.

Elle a d' l'entendement,
    Ma bique, etc.
Elle a mangé un chou
Qui valait bien cent francs,
Et une queue de poireau
Qu'en valait bien autant.

Elle a d' l'entendement, etc.

Et une queue de poireau
Qu'en valait bien autant.
Jean Bertrand la fut voir,
Qui n'en fut pas content.

Elle a d'l'entendement, etc.

Jean Bertrand la fut voir,
Qui n'en fut pas content,
Il la fit assigner
Par quatre-vingts sergents.

Elle a d'l'entendement, etc.

Il la fit assigner
Par quatre-vingts sergents,
Et puis la fit conduire
Tout droit au parlement.

Elle a d'l'entendement, etc.

Et puis la fit conduire
Tout droit au parlement.
Ell' fit la révérence
Dans la chambre en entrant.

Elle a d'l'entendement, etc.

Elle fit la révérence
Dans la chambre en entrant,
Un p.. au nez des juges
Et deux au lieutenant.

Elle a d'l'entendement, etc.

Un p.. au nez des juges
Et deux au lieutenant.
Ell' retroussa sa queue
Pour s'asseoir sur un banc.

Elle a d'l'entendement, etc.

Ell' retroussa sa queue
Pour s'asseoir sur un banc.

Un bon panier de crotte
En sortit à l'instant.

Elle a d'l'entendement, etc.

Un bon panier de crotte
En sortit à l'instant.
Elle a fourré sa corne
Au c.. du président.

Elle a d'l'entendement, etc.

Elle a fourré sa corne
Au c.. du président.
En retirant sa corne
Y avait de l'onguent.

Elle a d'l'entendement, etc.

En retirant sa corne,
Y avait de l'onguent.
Pour en frotter la bouche
A tous les écoutants.

Elle a d'l'entendement
    Ma bique
Elle a d'l'entendement.

Voilà une chanson qui ne manque pas de sans-gêne franc-comtois. Heureusement que les points de suspension sont là pour me tirer de peine, car je l'ai entendu chanter avec tant de bonhomie et si souvent par des dames, voire même par des ecclésiastiques, qu'il n'y a pas moyen de l'oublier ici. Pourquoi ces gaillardises-là sont-elles si bien accueillies chez nous dans toutes les réunions joyeuses, sinon parce qu'elles concordent avec le vieux fond de notre tempérament gausseur.... contre les parlements?

D'ailleurs, ainsi que me le fait observer M. Ch. Thuriet, cette chanson est peut-être la critique d'une ancienne coutume judiciaire qui consistait à faire le procès aux bêtes coupables comme aux gens.

LE PETIT MARI.

Mon pèr' m'a donné un mari.
Mon Dieu ! Quel homme ! Quel petit homme !
Mon pèr' m'a donné un mari.
Mon Dieu ! Quel homme ! Qu'il est petit !

Le chat l'a pris pour un' souris.
Mon Dieu ! Quel homme ! etc.

Je l'ai couché dedans mon lit.
Mon Dieu ! Quel homme ! etc.

Dans la paillasse il se perdit.
Mon Dieu ! Quel homme ! etc.

Le feu à la paillasse prit.
Mon Dieu ! Quel homme ! etc.

J'ai trouvé mon mari rôti !
Mon Dieu ! Quel homme ! Quel petit homme !
J'ai trouvé mon mari rôti.
Mon Dieu ! Quel homme ! Qu'il est petit !

LA PETITE BERGÈRE.

Quand j'étais petite fille,
J'allais paître mes moutons.
J'étais encor trop jeunette.
    Matou,
    Matourlou!
J'oubliais mon déjeuner,
    Matourlé!

Les servantes de mon père
Après me l'ont apporté.
Venez donc, Jeanne, la belle,
    Matou,
    Matourlou!
Voici votre déjeuner,
    Matourlé!

Comment veut-on que j'déjeune?
Mes brebis sont égarées,
Tout's, excepté la plus vieille,
    Matou,
    Matourlou!
Qui ne pouvait plus marcher,
    Matourlé!

Et j'ai pris ma cornemuse,
Et me suis mise à corner.

Voilà tout' mes brebichettes,
Matou,
Matourlou!
Qui se sont mis'à danser,
Matourlé !

Tout's excepté la plus vieille,
Qui ne pouvait plus marcher.
Je l'ai pris' par les oreilles,
Matou,
Matourlou !
Par ma foi, vous danserez,
Matourlé !

Quand elle fût dans la danse,
N'y avait plus d'place assez ;
Ell' faisait des cabrioles,
Matou,
Matourlou !
Des p'tits sauts jusqu'au plancher,
Matourlé !

LE VIEUX MARI

Mon pèr' m'a donné à choisir (*bis*)
D'un vieux ou d'un jeune mari,
   Tra la la la la,
    Pour rire !

Devinez donc lequel j'ai pris ?
Le jeun' laissé, le vieux j'ai pris,
   Tra la la la la,
    Pour rire !

Je voudrais qu'il vînt un édit,
D'écorcher tous ces vieux maris,
   Tra la la la la,
    Pour rire !

J'écorcherais le mien aussi,
Pour vendre sa peau à Paris,
   Tra la la la la,
    Pour rire !

Puis je reviendrais au pays,
Où j'épous'rais le jeune aussi,
   Tra la la la la,
    Pour rire !

Comment expliquer la fraîcheur perpétuelle de ces enfantillages quand tant de choses, en apparence fort importantes, ont si vite vieilli !

Quant à l'ubiquité des chants populaires en général, j'en ai eu dernièrement une nouvelle preuve à propos de la chanson du vieux mari, que M. Champfleury attribue à la Bretagne sous le titre de *Ronde des filles de Quimperlé*, et que j'ai retrouvée à peu près, telle quelle, dans une vieille mémoire salinoise. Un pareil colportage jadis ne s'explique guère que par les allées et venues des militaires et des compagnons du tour de France.

BELLE ROSE. (1)

Marie-toi donc, Belle Rose, (*bis*)
Marie-toi, car il est temps,
    Belle-Rose !
Marie-toi, car il est temps,
Belle rose du printemps !

— Que veux-tu que j'my marie?
Je suis à maître pour un an,
    Belle-Rose !
Je suis à maître pour un an,
Belle rose du printemps !

— Combien t'y donn'-t-on pour gage?
— On m'y donn' cent francs par an,
    Belle-Rose !
On m'y donn' cent francs par an,
Belle rose du printemps !

— Viens-t-en rester avec moi,
Je t'en donn'rai le double autant,
    Belle-Rose !

---

(1) La muse populaire célèbre, comme elle le peut, dans cette chanson, recueillie à Sainte-Claude, banlieue de Besançon, le triomphe de la vertu sur les intrigues d'un séducteur.

J't'en donn'rai le double autant,
Belle rose du printemps !

Tu n'auras pas tant à faire
Qu'un p'tit ménage d'enfant,
    Belle-Rose !
Qu'un p'tit ménage d'enfant,
Belle rose du printemps !

Tu couch'ras avec ma mère,
Avec moi le plus souvent,
    Belle rose !
Avec moi le plus souvent,
Belle rose du printemps !

— J'ne couch' pas avec les hommes,
Devant que d'être épousée,
    Belle-Rose !
Devant que d'être épousée,
Belle rose de l'été !

— Tu remportes la victoire,
Et la couronn' sur le front,
    Belle-Rose !
Et la couronn' sur le front,
Belle ros' de la saison !

LA FILLE QUI VEUT SE MARIER.

— Il est pourtant temps,
  Pourtant temps, ma mère,
  Il est pourtant temps
  De me marier !

— Ma fill', vous n'êtes qu'un enfant.
— Mère, j'aurai demain quinze ans.
  Que n'y songe-t-on ?
  Que n'se hâte-t-on ?
  Que n'me marie-t-on ?

  Il est pourtant temps, etc.

— Ma fill', vous n'avez pas d'amant.
— Ma mère, il en vient si souvent ! (1)
  Que n'les reçoit-on ?
  Que n'les aime-t-on ?
  Que n'me marie-t on ?

  Il est pourtant temps, etc.

---

(1) Une variante dit :
  « Ma mère, nous avons Grosjean. »

— Ma fill', vous n'avez pas d'argent.
— Ma mère, nous avons six francs.
    Que ne les prend-on ?
    Que n'les change-t-on ?
    Que n'me marie-t-on?

    Il est pourtant temps, etc.

— Ma fill', vous n'avez pas de pain.
— Mère, nous avons du levain.
    Que n'le pétrit-on ?
    Que ne le cuit-on ?
    Que n'me marie-t-on ?

    Il est pourtant temps, etc.

— Ma fille, vous n'avez pas de vin.
— Mère, nous avons du raisin.
    Que n'le cueille-t-on ?
    Que n'le foule-t-on ?
    Que n'me marie-t-on ?

    Il est pourtant temps, etc.

— Ma fille, vous n'avez pas d'habits.
— Mère, nous avons des brebis.
    Que ne les tond-t-on ?
    Que ne file-t-on ?
    Que n'me marie-t-on ?

    Il est pourtant temps, etc.

— Ma fill', vous n'avez pas de lit.
— Mère, nous avons des lambris.
    Que ne les scie-t-on?

Qué ne les cloüe-t-on ?
Qué n'me marie-t-on ?

Il est pourtant temps, etc.

— Ma fill', vous n'avez pas de draps.
— Ma mère, nous avons des sacs.
　　Que ne les décout-on ?
　　Que ne les recout-on ?
　　Qué n' me marie-t-on ?

— Ma fill', vous n'avez point d' maison.
— Nous avons la *soü* (1) du cochon.
　　Que n' le saigne-t-on ?
　　Que n' le mange-t-on ?
　　Que n' me marie-t-on ?

　　Il est pourtant temps,
　　Pourtant temps, ma mère,
　　Il est pourtant temps
　　De me marier !

---

(1) Hutte à porcs dans le dialecte franc-comtois.

LE CHATEAU DE BELFORT.

Au château de Belfort,
Il y a trois jolies filles.
   Il y en a-t-une
Plus belle que le jour.
Trois jolis capitaines
Vont lui faire la cour.

Le plus jeune des trois
La prit par sa main blanche.
   — Montez, la belle,
Sur mon cheval grison,
Qu'avec moi je vous mène
Joindre ma garnison.

A la ville arrivés,
L'hôtesse lui demande :
   — Dites-moi, belle,
Dites-moi sans mentir,
Êtes-vous là par force,
Ou bien pour vos plaisirs ?

— Vous me le demandez,
Et voyez que je pleure !
   J'y suis par force,
Et non pour mes plaisirs.
J'ai fait trois fois la morte
Pour mon honneur garder.

Au milieu du souper,
La belle tomba morte !
— Sonnez, trompettes,
Tambours du régiment.
Voilà ma mie qu'est morte,
J'en ai le cœur dolent !

Faut la faire enterrer
Au jardin de son père,
Et sur sa tombe
On mettra cet écrit :
Voici ma mie qu'est morte !
Pour moi plus de plaisi'!...

Trois jours après sa mort,
Son père s'y promène.
— Ouvrez la tombe,
Papa, si vous m'aimez.
J'ai fait trois jours la morte
Pour mon honneur garder.

LE CONSCRIT FUSILLÉ. (1)

Je me suis engagé
Pour l'amour d'une blonde,
C'est pas pour l'anneau d'or
Qu' l'infidèle a donné ;
C'est pour un doux baiser
Qu'elle m'a refusé.

Tout en sortant d' chez nous,
Trouvai mon capitaine.
Mon capitain' me dit :
— Où vas-tu, Sans-souci ?
— Je vais dans le vallon
Joindre mon bataillon.

— Soldat, t'as du chagrin
De l'abandon d' ta blonde.
Ell' n'est pas dign' de toi ;
La preuve est à mon doigt,
La preuve assurément
Que je suis son amant.

---

(1) Du pittoresque dans le paysage, du dramatique dans l'action, des
éclairs de sentiment, tout cela se trouve naturellement, sans recherche
aucune, dans le petit poëme du *Conscrit fusillé*, qui m'a été communiqué
par M. Alexis Meunier, publiciste de Vesoul. Cette jolie chanson populaire
appartiendrait donc, par sa provenance, à la Haute-Saône, où je n'ai pu
faire qu'une récolte insuffisante.

Dans le fond du vallon
Y a-t-une fontaine.
J'ai mis mon sac en bas,
Mon sabre au bout d' mon bras
Et j' me suis battu là,
Comme un vaillant soldat.

Au premier coup portant,
J'ai tué mon capitaine.
Mon capitaine est mort,
Et moi je vis-t-encore !
Mais dans deux ou trois jours
Ce sera-z-à mon tour !

Celui qui me tuera,
Ce s'ra mon camarade.
On me band'ra les yeux
Avec un mouchoir bleu,
Pour me faire mourir,
Sans me faire souffrir.

Soldats de mon pays,
N'le dit's pas à ma mère ;
Mais dites lui plutôt
Que je suis à Breslau,
Pris par les Polonais ;
Qu'ell' n'me reverra jamais !..

LA BELLE IAULY. (1)

Voici la Pentecôte,
    Belle Iauly !
La fraise est à mi-côte
    Du bois joli.

Déjà roses nouvelles
    Ont refleuri.
C'est le temps où les belles
    Changent d'amis.

Changerez-vous le vôtre,
    Belle Iauly ?
— Non, je n'en veux pas d'autre
    Que mon ami.

Le temps fane la rose,
    La fraise aussi.
Il change toute chose,
    Mon cœur nenni !

---

(1) Voici la jolie chansonnette de la belle Iauly, que Masson a un peu rafraîchie pour la donner dans sa *Nouvelle Astrée*. La *Belle Iauly* est très-connue à Montbéliard, l'Isle-sur-le-Doubs, Clerval et Baume-les-Dames, d'où plusieurs copies de ce petit chef-d'œuvre me sont parvenues.

LE DIABLE EN TOURNÉE.

Le diable un jour dans nos quartiers
S'en vint pour y prendre un meunier.
Le meunier, brutal et méchant,
Vite le met dans un sac assez grand ;
Puis, l'attachant à la roue du moulin,
Le fait tourner du soir au lendemain.

Sûrement, jamais Belzébuth
Un si bon coup d'eau n'avait bu.
Mais par malheur, le sac creva
Et par le trou le diable se sauva,
S'en allant dire au meunier, en passant :
— Si j't'ai manqué ce n'est pas pour longtemps.

De là, s'en va chez le savetier,
Où il reçut maint coup d'tir'-pied ;
Car le maître et ses compagnons
Touchaient dessus à triple carillon,
En lui criant : — Sauve–toi, Lucifer ;
On ne met pas de souliers en enfer.

De là, s'en va chez le tailleur.
C'est pour lors qu'il eut du malheur.
Le tailleur le voyant tout nu,

Lui plante un cent d'aiguilles dans le....
Le diable alors s'en fut fort mécontent,
En se voyant ainsi tout plein de sang.

De là, s'en va chez l'tisserand,
   Qui travaillait tranquillement.
  La femme qu'était au coin du feu,
Prit son *perrou*, le lui j'ta dans les yeux,
N'y voyant plus, le diable en tratelant
Passa la porte et prit la clef des champs.

   De là, s'en va chez le chanteur :
  — J'en veux à toi, maudit chanteur,
   J'suis las de t'entendre chanter,
Et pour le coup je m'en vais t'emporter ;
Car tu paieras pour tous ces insolents
Qui m'ont traité si rigoureusement.

M. Edouard Girod, bibliothécaire de la ville de Pontar-
lier, m'adresse, de son côté, cette chanson « qui a bien,
comme il l'observe lui-même, son originale naïveté. Je l'ai
recueillie, ajoute M. Girod, dans le val du Saugeais, canton
de Montbenoît, où elle a une grande vogue. Bien qu'elle ne
contienne qu'un mot du dialecte local, celui de *perrou*, sorte
de colle dont les tisserands imprègnent la toile de leur fa-
brique, cette expression, très-usitée dans nos montagnes,
donne à la chanson du *Diable en tournée* un cachet certain
d'origine comtoise. »

LA CHANSON D'OGER. (1)

La belle est dans la tour,
    Oger ! Oger !
La belle est dans la tour,
    Grand chevalier !

Ne peut-on pas la voir ?
    Oger ! Oger !
Ne peut-on pas la voir ?
    Grand chevalier !

Les murs en sont trop haut,
    Oger ! Oger !
Les murs en sont trop haut,
    Grand chevalier !

---

(1) M. Tarbé a publié à Reims, en 1863, plusieurs volumes de poésie locale sous le titre de *Romancero de Champagne*. Dans le volume consacré aux *Chants légendaires et historiques*, je trouve la *Chanson d'Oger* qui est aussi connue parmi nous qu'elle peut l'être en Champagne. C'est une jeune fille enfermée dans une tour, que le paladin Oger veut délivrer. Cet Oger aurait été, dit-on, non pas Ogier le Danois, mais un des généraux de Charlemagne et son cousin germain. L'histoire romanesque de ce héros ne saurait trouver place ici. On le fait naître dans les Ardennes en 749 ; il serait mort en 820. On assure qu'il passa la fin de sa vie à faire du bien aux jeunes filles pauvres, ce qui aurait rendu sa mémoire populaire. Cette chanson qui date, par son sujet même, du temps de Charlemagne, forme en Franche-Comté comme en Champagne et dans beaucoup d'autres provinces, un jeu chanté. Une jeune fille fait le rôle de la belle captive. Autour d'elle, rangées en cercle et bien serrées, se tiennent ses compagnes qui représentent les pierres de la tour, à l'exception d'une seule qui est en dehors du groupe et qui représente Oger. La chanson est un dialogue entre la belle qui appelle Oger à son secours, les jeunes filles qui la gardent en formant une ronde autour d'elle et le grand chevalier qui veut la délivrer. Celui-ci détache une jeune fille du groupe à la fin du cinquième couplet, et la chanson recommence autant de fois qu'il y a de pierres à détacher, en s'augmentant chaque fois d'un couplet. Cette chanson n'est pas plus champenoise que comtoise ; mais, en raison de sa vogue dans toutes les villes et tous les villages de notre province, elle devait trouver sa place dans ce recueil.

— On en ôt'ra un' pierre,
    Oger ! Oger !
Otons-en une pierre,
    Grand chevalier !

Un' pierr' n'y monte guère,
    Oger ! Oger !
Un' pierr' ne suffit guère,
    Grand chevalier !

On ôtera deux piérres,
    Oger ! Oger !
On ôtera deux pierres,
    Grand chevalier !

Deux pierres n'y font guère,
    Oger ! Oger !
Deux pierres n'y font guère,
    Grand chevalier !

On ôtera trois pierres, etc.

LA DEMANDE EN MARIAGE MALHEUREUSE.

J'ai fait une maîtresse,
Trois jours, c'est pas longtemps.
J'irai la voir dimanche,
Lundi, sans plus attendre,
Mardi, sans plus tarder,
J'irai la demander.

En entrant dans la chambre,
J'ai ôté mon chapeau :
— Salut la compagnie,
Sans oublier ma mie,
Cell' que j'ai tant aimée,
Je viens la demander.

Son père dans la chambre
Entendant tout cela :
— Si j'ai nourri ma fille,
C'est pour un garçon d' ville.
Toi qui n'as qu' pate et cu (1)
Comment l'épous'rais-tu ?

---

(1) *N'avoir que pate et cu* est une expression très-énergique dans le langage populaire de la Franche-Comté. Elle veut dire : N'avoir que ses vêtements et son corps.

Le frère dans la chambre
Entendant tout cela :
— Si ce garçon est pauvre,
Il en vaut bien un autre ;
S'il est riche en honneur.
Papa, donn'-lui ma sœur.

La mère dans la chambre
Entendant tout cela :
— Si ma fille a fait faute,
Elle en boira la sauce,
La sauce et le poisson.
Marguerite est son nom.

— Amie, ma douce amie,
Prête-moi ton mouchoir,
Pour essuyer mes larmes
Qui mouillent mon visage ;
Qui coulent de mes yeux,
Bell' pour te dire adieu !

Amie, ma douce amie,
Prête-moi tes ciseaux
Pour couper l'alliance
Qui nous unit ensemble.
Puisqu'il faut nous quitter
L'alliance il faut couper.

Amie, ma douce amie,
Fais-moi-z-un beau bouquet,
Un beau bouquet de roses.
J'ai fait l'amour pour d'autres
D'autres la f'ront pour moi.
Adieu, bell', je m'en vas !

LE COMPÈRE JACQUOT.

En m'en revenant de Lorraine (*bis*),
J'ai rencontré trois capitaines,
    Mon compère Jacquot.
        Ah !
Jacquot, que les poules sont aises,
Quand elles sont avec leur coq !

J'ai rencontré trois capitaines,
L'un d'eux me prend, l'autre m'emmène,
    Mon compère Jacquot.
        Ah !
Jacquot, que les poules sont aises,
Quand elles sont avec leur coq !

L'un d'eux me prend, l'autre m'emmène,
L'autre me donne pour étrennes,
    Mon compère Jacquot.
        Ah !
Jacquot, que les poules sont aises,
Quand elles sont avec leur coq !

L'autre me donne pour étrennes
Un joli violon d'ébène,
    Mon compère Jacquot.
        Ah !
Jacquot, que les poules sont aises,
Quand elles sont avec leur coq !

Un joli violon d'ébène
Dont je joue sept fois la semaine,
   Mon compère Jacquot.
      Ah !
Jacquot, que les poules sont aises,
Quand elles sont avec leur coq !

Dont je joue sept fois la semaine ;
Et j'en jouerais bien la douzaine,
   Mon compère Jacquot.
      Ah !
Jacquot, que les poules sont aises,
Quand elles sont avec leur coq :

DE UN A DOUZE.

Savez–vous ce que c'est que un ? (*bis*).
    Il n'y a rien qu'un Dieu
    Qui règne dans les cieux.

Savez-vous ce que c'est que deux ?
    Deux ! les deux testaments ;
    Car il n'y a qu'un Dieu
    Qui règne dans les cieux.

Savez-vous ce que c'est que trois ?
    Trois ! les trois patriarches,
    Deux ! les deux testaments ;
    Car il n'y a qu'un Dieu
    Qui règne dans les cieux.

Savez-vous ce que c'est que quatre ?
    Les quatre évangélistes,
    Trois ! les trois patriarches,
    Deux ! les deux testaments ;
    Car il n'y a qu'un Dieu
    Qui règne dans les cieux.

Savez–vous ce que c'est que cinq ?
    Les saints innocents,
    Les quatre évangélistes,
    Trois ! les trois patriarches,
    Deux ! les deux testaments ;
    Car il n'y a qu'un Dieu
    Qui règne dans les cieux.

Savez-vous ce que c'est que six?
    Les six anachorètes,
    Les saints innocents,
    Les quatre évangélistes,
    Trois ! les trois patriarches,
    Deux! les deux testaments ;
    Car il n'y a qu'un Dieu
    Qui règne dans les cieux.

Savez-vous ce que c'est que sept ?
    Sept ! les sept sacrements,
    Les six anachorètes,
    Les saints innocents,
    Les quatre évangélistes,
    Trois! les trois patriarches,
    Deux ! les deux testaments ;
    Car il n'y a qu'un Dieu
    Qui règne dans les cieux.

Savez-vous ce que c'est que huit ?
    Les huit béatitudes,
    Sept! les sept sacrements,
    Les six anachorètes,
    Les saints innocents,
    Les quatre évangélistes,
    Trois ! les trois patriarches,
    Deux ! les deux testaments ;
    Car il n'y a qu'un Dieu
    Qui règne dans les cieux.

Savez-vous ce que c'est que neuf!
    Neuf! les neuf chœurs des anges, etc.

Savez-vous ce que c'est que dix ?
    Les dix commandements,
        Neuf ! . . . ., etc.

Savez-vous ce que c'est que onze !
    Les onze mille vierges,
        Les dix. . . ., etc.

Savez-vous ce que c'est que douze ?
    Douze ! les douze apôtres,
    Les onze mille vierges,
    Les dix commandements,
    Neuf ! les neuf chœurs des anges,
    Les huit béatitudes,
    Sept ! les sept sacrements,
    Les six anachorètes,
    Les saints innocents,
    Les quatre évangélistes,
    Trois ! les trois patriarches,
    Deux ! les deux testaments ;
    Car il n'y a qu'un Dieu
    Qui règne dans les cieux.

MON MERLE

Mon merle a perdu son bec.
Comment pourra-t-il chanter,
    Mon merle,
Comment pourra-t-il chanter ?

Mon merle a perdu sa langue,
Sa langue, son bec.
Comment pourra-t-il chanter,
    Mon merle,
Comment pourra-t-il chanter ?

Mon merle a perdu son nez,
Son nez, sa langue, son bec.
Comment pourra-t-il chanter,
    Mon merle,
Comment pourra-t-il chanter ?

Mon merle a perdu un œil,
Un œil, son nez, sa langue, son bec.
Comment pourra-t-il chanter,
    Mon merle,
Comment pourra-t-il chanter ?

Et ainsi jusqu'à la fin, en recommençant les répétitions dès
le premier couplet, en sorte que tout y passe : un œil, deux
yeux, le cou, la tête, une aile, deux ailes, le ventre, la queue,
une patte, deux pattes, etc.

LA CHANSON DE SAINTE-CATHERINE.

La sainte Catherine
Etait fille d'un roi.
Son père était payen,
Sa mère ne l'était pas.
  Mon Dieu, hélas!
Sancta Catharina !

Son père était payen,
Sa mère ne l'était pas.
Un jour dans sa prière,
Son père la trouva.
  Mon Dieu, hélas !
Sancta Catharina !

Un jour dans sa prière
Son père la trouva.
— Que faites-vous, ma fille,
Que faites-vous donc là ?
  Mon Dieu, hélas !
Sancta Catharina !

Que faites-vous, ma fille,
Que faites-vous donc là ?
— J'adore un Dieu, mon père,
Que vous n'adorez pas.
  Mon Dieu, hélas !
Sancta Catharina !

J'adore un Dieu, mon père,
Que vous n'adorez pas.
Il tira son grand sabre,
La tête lui coupa !
   Mon Dieu, hélas !
Sancta Catharina !

FIN.

TABLE

FIN DE LA TABLE.

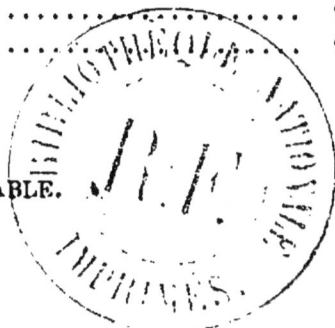